功法則

誰と出会い、何を選び、どう目覚めるか

中島 薫

サンマーク
文庫

文庫版はじめに

世の中には、一見、「成功している人」と「成功していない人」がいます。

この「一見」というのがミソです。それは、「成功していない人」の中にも、実は「成功している人」というのはいるからです。

どういうことだと思いますか?


それは、「今は成功していないだけで、これから成功する人、成功することが決まっている人」というのは、一見「成功していない人」、つまり、「成功するのをあきらめてしまった人」に見えてしまうからです。

しかし、事実は違うのです。


「自分は成功する」と自分自身に誓い、そのための行動を起こしている人は、私にいわせると、すでに成功したも同然です。あとは、自分が勝手にあきらめさえしなければ、必ず想像したとおりに成功できるのです。

さて、成功する人としない人、この二つを分けるのはいったい何でしょうか?

それは、「成功する考え方」の、センスの差です。

このセンスは誰もが持っていますが、よしあしがあるのです。そして、センスのいい人が成功しやすく、よくない人はしにくい、という簡単なことです。

解決策も簡単です。センスをよくすればいいだけです。成功する考え方のセンスをよくしさえすれば、ものごとは勝手に成功へ進んでいってくれるのです。

本書がそのために少しでも役に立てば幸いです。

平成一九年　夏

中島　薫

はじめに

あなたは成功したいですか？

もしも「いいえ、私はべつに成功したくありません」という方がいたら、この本を読んでください。それから、成功するということが単に収入や地位や名誉を得ることだと考えている方も、同じくこの本を読んだほうがいいと思います。

そして、一番読んでほしいのが、成功の意味、つまり「自分にとって何がもっとも幸せな状態か」ということがわかっている方、そして、「それを自分は今から手に入れるのだ」と決意した方です。

この本には、私が考える幸福と成功に関する法則、それもごく単純でシンプルな法則がまとめてあります。これにそって、今すぐ考え方や生き方のくせを変えれば、やがてあなたにとって新しい自分との出会いが手に入ります。

私たちは毎日、さまざまなチャンスと出会いながら生きています。それは未来の自分が現在の自分へ向けて送ってくれている、成功へのシグナルです。本書を読むことでそのシグナルに気づき、あなたの人生をさらにすばらしいものにしていただきたいと思います。

中島　薫

単純な成功法則　目次

プロローグ　成功には法則がある

第一章

「自分らしさ」と出会う

第二章

「チャンス」と出会う

第三章 「人」と出会う

第四章 「夢」と出会う

エピローグ

出会いは宝！

校正：綿谷小百合

成功には法則がある

プロローグ

どんな小さなきっかけも、未来からの答えなのである。

何と出会うか、誰と出会うかで、人生は決まってしまう

「幸せになりたい」「もっと思いどおりの人生を送りたい」というのは、多くの人に共通する願いです。しかし、世の中を見渡すと、この願いがかなわないまま生きている人がものすごく多いような気がします。おそらく、この本を手にとったあなたも「どうもうまくいかないなあ」「頑張っているんだけど、思うようにならないなあ」と、なんとなくモヤモヤとした気持ちで毎日を過ごしていたりはしないでしょうか。

その一方で「毎日がハッピーの連続」「やることなすことがすべてうまくいく」と感じながら、人生を存分に楽しんで生きている人がいるのも事実です。

運がいい人、悪い人。ツイている人、そうでない人。同じ人間なのに、この差はいったいどこからくるのでしょうか。才能？　はたまた努力？　それとも生まれもった運がそうさせているのでしょうか？

私の考えをいいましょう。その差は、ひと言でいってしまうと〝出会い〟にあると

思うのです。つまり、「何と出会うか、誰と出会うか」で、その人の人生がよい方向にも悪い方向にも傾いてしまうというのが、私の行き着いた結論なのです。

実際、私も「どうすれば、薫さんみたいにハッピーな人生が送れるようになりますか？」「どうすれば、ラッキーなことばかり起こるようになるのでしょうか？」とよく聞かれますが、その鍵は、すべて〝出会い〟にあったといってもいいと思います。つまり、これまでのすべての出会いが、自分の人生を信じられないほど劇的で素敵なほうへ変えてくれたというのが、五一年間生きてきた今の私の心情なのです。

もっと具体的にいうと、多くの人やものに出会い、多くの考え方にふれて、多くの出来事を体験したことで、たくさんの選択肢をもつことができた。その中から、これからの人生をよりよくしていくためのヒントを選び出し、それを毎日の生活という場で大切に育てていった……。だからこそ、今の私があると思うのです。

そうだとしたら、あなただって今からでも遅くはありません。数多くの出会いをつくり、それを人生に役立てていきましょう。さまざまな人やものとの出会いの中から、よりよい場所へと導いてくれるようなチャンスを発見し、成功のきっかけをつかんでいくのです。

これが、運をよくする最高の秘訣ではないかと私は思うのです。

出会いは人生の宝!

私たちは生まれてからたくさんの人と出会ってきました。両親、兄弟姉妹、学校の先生、友達、先輩、後輩、上司、得意先の人たちなど……。

もちろん、今だって毎日いろいろな人と出会っています。新聞の集金に来た人に「今度、映画の割引チケットをくれない?」とお願いしたかもしれませんし、道を歩いていたら、知らない人から「駅はどこですか?」とたずねられたかもしれません。八百屋さんへ買い物に行ったら、お店のおばちゃんが「この野菜、旬《しゅん》だから、サラダにするとおいしいよ」といって勧めてくれたかもしれません。こんなふうに、いろいろな形でいろいろな人と出会っているわけです。

これは人に限ったことではありません。本・映画・スポーツ・音楽なども同じです。

音楽ひとつとっても、高校時代に自分の心をとりこにしたビートルズの曲や、仕事で上京してきたころによく聴いていた全米ヒット・チャートのめずらしい曲、カッコいい曲など、いちいち数えあげたらきりがありません。

また、「卒業旅行でイタリアに行ってきた」「第一志望の会社に入社できた」「国家試験に合格した」「彼氏（彼女）にふられてしまった」「交通事故にあい、足をケガしてしまった」など、さまざまな出来事との遭遇も出会いと呼んでいいでしょう。

そして、ここで気をつけなければならないのは、「第一志望の会社に入社できた」「国家試験に合格した」といったよい現象がつねによい結果をもたらし、「彼氏（彼女）にふられてしまった」「交通事故にあい、足をケガしてしまった」といった悪い現象がつねに悪い結果をもたらすとは限らないということです。言い換えると、起こった現象そのものよりも、そこから誰と出会い、何に気づき、何に目覚めるかということのほうが重要なのです。そちらのほうが、その後のあなたの人生を大きく変えてしまう可能性が高いのです。

ただ問題は、このような無数の出会いの中から、運命を好転させるためのヒントをいかにして選び出すかです。これが意外とむずかしい。ひとつ選択を誤ると、人生がマイナスの方向に傾いてしまうこともあるからです。せっかくむずかしい学校に入学できたのに、授業が高度でついていけず、成績がどんどん下がってしまった、一流の会社に入社できたものの、なかなか才能が発揮できず、うだつのあがらないサラリーマン生活を送っている……というような話はよく耳にします。

でも、心配はいりません。私はこれまでの自分自身の生き方をふり返りながら、自分にとって大切なものとの出会いが何であったかを考えた結果、それをつきとめることができました。それを応用していただけば、きっとあなたの人生は今よりもっとすばらしいものになっていくはずです。

それは、次に示す「四つの出会い」に敏感になることです。

一．自分らしさとの出会い

二．チャンスとの出会い

三．人との出会い

四．夢との出会い

この四つの出会いが、運命を好転させていくうえでどうして重要なのか、まずは、その理由から述べていきましょう。

「自分らしさとの出会い」がすべてのはじまり

四つの出会いの中で、私がトップにもってきたいのが、この「自分らしさとの出会い」です。

自分らしさを知らないでいると、個性や才能が自覚できません。個性や才能が自覚できないと、仕事で能力が発揮できなくなり、やりがいを感じなくなってしまいます。そうなると、人生もぐっとつまらなくなります。

考えてもみてください。たとえば、ノーベル賞を受賞した田中耕一さんのように、何かの研究開発に没頭したい人が営業の仕事をやらされたらどうなるでしょうか。おそらく、トップの営業マンになるのはむずかしいと思います。なぜなら、「自分は本当はこんな仕事はやりたくないんだ」という意識が心の中にあるため、いまいち仕事に身が入らないからです。だから、向上心もわいてきませんし、「こうすれば、より多くの商品が売れるかもしれない」といった創意工夫も生まれません。したがって、成果も限られてしまうというわけです。

逆に、そういう人が念願かなって、研究開発の仕事につけたらしめたものです。個性や才能が生かせるため、たいていのことはうまくやれるだろうし、技術やノウハウの習得も早くなります。向上心や探究心もどんどんわいてきて、「こうすればもっとよくなる」といった創意工夫をこらすこともできます。だから、いつもポジティブな気持ちでいられるし、失敗をくり返しても、それを乗り越えていくだけのパワーが持続できるようになるというわけです。

さらに細かいことをいえば、職種が何であれ、サラリーマンでいたほうがいい人もいれば、フリーランサーや自営業者になったほうがいい人もいます。前者は会社組織の中に身をおくことで才能を発揮する人、後者は脱サラして一匹狼として才能を発揮する人です。そのことを見過ごしてしまうと、適職につけたとしても、結果がなかなかついてこなくなってしまうと思うのです。

私は高校卒業後、故郷の島根県にあるヤマハの特約店で八年間ほど、サラリーマン生活を送っていました。メインは楽器を販売する仕事で、販売成績もよく、それなりに楽しかったのです。

不自由は感じていませんでしたが、でも、心の中では「もしかして自分はもっと何かできるかも」というようなことを感じていたのかもしれません。というのは、その後、自分が作曲した『Good-by morning』という曲がヤマハ主催の「世界歌謡祭」でグランプリを受賞し、作曲家生活に入るわけですが、そのことを決めたときに、「東京に行くことで何かが起きるかもしれない」と思ったからです。

グランプリを受賞したからといって、それで作曲家になり成功したいとは思わなかったのですが、東京へ出れば何かの出会いがあり、それが自分のもっと大きな可能性を引き出してくれるような気がしたのです。

そんな理由で作曲家としてスタートしたので、やはりそのうちに、「何かが違う。

何かが足りない。ほかにもっと何かあるんじゃないか？」と思いはじめるようになりました。ただ、その何かがわからなければ話になりません。そんな禅問答のようなことを続けていた私に、その〝何か〟を教えてくれたのが今の仕事だったのです。

今の仕事は時間に拘束されません。人間関係に拘束されることもありません。ノルマだってありません。ということは、マイナスの査定もありません。だから、業績が上がらないからといって、肩身の狭い思いをしたり、まわりの顔色をうかがわずにすみます。自分のビジネスですから、自分で決めてやったことが、そのまますべて自分にはね返ってくるのです。

このことを知ったとき、私は瞬時に「自分が本当に求めていたものはこれだ！」と確信しました。というのは、楽器のセールスをしていたときも、作曲家の仕事をしているときも、私はたえず何か不自然なものを感じていたのですが、この仕事にはそれがまったくなかったからです。言い換えれば、私が本当に望んでいたのは「自由」だった。人に使われないで、自分の意思決定にもとづいて、マイペースで仕事をしたかった。自由に仕事をすることが、本当の自分らしい生き方につながっていく——そのことに気づいたのです。

こうして、自分らしさに気づくことができた私は、今、本当に自由に生きています。はためから見て、大変そうに思えることも、自分で好きなことをどんどんやっているわけですから、ストレスもたまらないし、苦労とは思いません。一日のスケジュールがびっしり詰まっていても、それは全部自分で決めた「やりたいこと」なので、イヤなことはひとつもないのです。おまけに、個性や才能を存分に生かすことができる。これって最高だと思いませんか？

あなただって例外ではありません。私の場合は今の仕事がきっかけでしたが、あなたも何かのきっかけで自分らしさに気づけば、人生が驚くほど好転していくようになるのです。仕事の中身が何であれ、どんどん飛躍・発展していくようになります。

では、どうすれば自分らしさと出会えて、どうすれば本当の自分らしさが自覚できるのでしょうか。

それについては第一章でじっくり述べてみたいと思います。

「チャンスとの出会い」が自分を変えていく

四つの出会いの中で、次に重視してもらいたいのがチャンスとの出会いです。いうまでもなく、チャンスは夢の実現や成功のきっかけをつくってくれるからです。

チャンスというと、一生の間に数えるほどしかやってこない〝だいそれたもの〟としてとらえる人が多いようですが、けっしてそんなことはありません。チャンスは日めくりカレンダーのように毎日押し寄せていると思うのです。それに気づかないのは、チャンスはそれ自体がチャンスの形をしていなかったり、意外なときに意外な形でやってくる場合が多いからなのです。

たとえば、私が今の仕事をはじめて知ったときがそうでした。ある日突然、知り合いの女性から「すごいビジネスがあるんだけど、一度、話を聞いてみない？」という電話がかかってきたのです。当時、私はすでに作曲家という本業をもっていたのですが、元来の好奇心がそうさせたのでしょう。とりあえず、説明会の会場に行ってみたのです。そうしたら、びっくりしてしまいました。そこには五〇人ぐらいの人が集まっていたのですが、なんと全員が主婦で、男性は私一人きりなのです。

「なんだ。すごいビジネスって聞いていたけど、これは主婦が片手間にやる仕事か」

そう思った私はがっかりしてしまい、ことわって帰ることを考えました。でも、同じことわるにしても「主婦と同じ仕事なんかできるか」では、あまりにも大人げありません。そこで、とりあえず最後まで話を聞いて、ことわる理由を探してから帰ろうと説明を聞くことにしたのですが、結果的にこれが運命の分かれ目となりました。というのも、話を聞いているうちに、「ちょっと待って。これって、主婦じゃなくてもできるんじゃない」と思えてきたからです。そして、最後には「これはすごい。おもしろい。私はこれで大成功する気がする」とまで考え、思いっきりやる気になって帰ってきました。そして、実際にそのビジネスで私は大きく成功し、今こうして自分の望むとおりの人生を送っているというわけです。

人生にシミュレーションはナンセンスかもしれませんが、もしもあのとき、説明もろくに聞かないまま会場を立ち去っていたら、今日の私はまったく別の人生を歩んでいたことでしょう。そう思うと、これはまさしくチャンス以外の何ものでもなかったわけです。人生って、本当にどこでどうなるかわからないものです。

話は変わりますが、つい最近も、ものすごくラッキーなチャンスに恵まれました。いや、びっくり仰天の体験をしたといったほうが正解でしょうか。なんと、ピアニストのブーニンがわが家にやってきて、私のためにピアノを弾いてくれたのです。ブーニンとは、もちろんあのショパン・コンクールで優勝した天才ピアニストのスタニスラフ・ブーニンのことです。「えっ？　そんなバカな。信じられない」という人のために、事のいきさつを簡単に説明しましょう。

そもそものきっかけは、私の友人のご近所に、偶然にもブーニン一家が引っ越してきたことから始まりました。このことを友人から聞いた私は、思わず「ブーニンを家に連れてきて！」と口走っていました。ブーニンが演奏するショパンのノクターンが大好きな私はなんだか運命のようなものを感じて、そんなことをいってしまったのです。でも、その時点では、ただ近所に住んでいるというだけで、そんなことができるはずもありません。常識的に考えてむずかしいことは私も重々承知していました。

ところが、ここでものすごい偶然が重なりました。その友人の子供と、ブーニンの子供が小学校のクラスメートで、とても仲よしになり、お互いの家をしょっちゅう行ったり来たりするようになったのです。

そして忘れもしない今年の三月二五日のこと。ブーニンの子供が、その友人宅に遊びに来ていて、夜になってしまいました。ふつう、子供の帰りが遅くなると親が迎えに来ますが、その日は夫妻で、つまりブーニンと奥様の二人で子供を迎えに来たのです。おりしもその友人の家では、知人の家族を招いてバーベキューパーティをしている最中でした。そこで、友人が「ご一緒にいかがですか」と誘ったところ、ブーニンが「それではお言葉に甘えて」とパーティに参加することになったのです。

「ブーニンが家に来てるから、薫さんも来ない!?」という電話を受けたのは、その直後でした。突然のことにあわてふためきながら友人宅に向かった私は、こうして夢にまで見たブーニンと出会うことができたのです。

そして、おしゃべりで打ち解けた私は思いきってブーニンに「ピアノを弾いてほしい」とリクエストしてみました。いってみるものですね。ブーニンは私たちを自宅のスタジオに案内してくれ、そこでピアノを弾いて聴かせてくれたではありませんか。もう、最高！　これしかいいようがありません。おかげで、夢のようなひとときを過ごすことができました。

演奏が終わったあと、私はブーニンにいつまで日本にいるのかたずねてみました。一流のピアニストはやはりスケジュールが過密なようで「コンサートのため、数日後にイタリアに発《た》たなければならない」とのこと。でも、私はどうしても、自宅でブーニンにピアノを演奏してもらいたかったので、思いきってそのことを頼んでみました。するとここでも信じられないことに、彼はＯＫしてくれたのです。

こうして、二日後の三月二七日にブーニンは本当に私の自宅を訪れ、私のピアノでラフマニノフやシューベルトなどを弾いてくれたほか、私がリクエストしたショパンのノクターンまで披露してくれたのです。

どうです？　信じられないでしょう？　まさかこんなチャンスがめぐってくるなんて、私もいまだに夢を見ている気分です。ひょんなことから偶然会えた事実や、わが家でピアノを弾いてくれるかどうかもわからない数日前の私の状況を考え合わせたら、これはもう奇跡としかいいようがありません。

でも、これは奇跡でも何でもありません。夢をかなえようと自分から積極的に働きかけ、偶然を必然に変えただけのことなのです。意外なときに意外な形でやってくるチャンスをつかむために、アンテナを張りめぐらせていただけのことなのです。

では、どうすれば、私のように偶然を必然に変えることができるのでしょう？　自分でも気づかないうちにそばに来ているチャンスをつかむためには、どういったことを心がければいいのでしょう？　それについては、第二章で詳しく説明したいと思います。

「人との出会い」は夢への近道

このように、知り合いの女性からの誘いが私を今の仕事へと導いてくれ、知人からの一本の電話が私をブーニンとめぐりあわせてくれました。

ということは、チャンスというものは、それ自体が単体でやってくることはきわめて少ないということがわかります。そして、それはたいてい、人が大きく関係するということになります。つまり、人と出会う数だけチャンスが生まれるという解釈が成り立つわけで、その意味で今度は人との出会いが重要になってくるのです。

実際、大半の夢や願望、あるいは成功のきっかけといったものは、その形がどうであれ、人によってもたらされると断言してもいいと思います。成功者の大半は才能や努力といった自力以外に、人からの援助という他力によって大きなチャンスをつかんでいるのです。

サラリーマンも例外ではありません。もし、あなたが今、職場で課長の地位にあるとしたら、それはあなた一人が頑張ったからではありません。あなたを上に引き上げてくれた上司、横あるいは下から押し上げてくれた同僚や部下の援助と協力があったからなのです。

ところが、世の中を見渡すと、「自分がここまでやってこられたのは、能力がある証拠だ」と考えている人が意外と多いように見受けられます。

恥ずかしながら、私もそう考えていた時期がありました。故郷の島根県で楽器のセールスをしていたころ、ほかの仲間はいわゆる飛び込み営業をしていたのですが、私だけが「そういうのは、なんかイヤだな」と考え、別のアプローチを試みたのです。いわゆる「ロコミ」というやつです。

どうしたのかというと、音楽教室をまわって先生と知り合いになったのです。そして「あの家のお子さんはピアノを欲しがっているみたい」とか「あの家ではそろそろ娘さんを音楽教室に通わせるはずだから、新しいエレクトーンを奮発するかもしれない」といった情報を聞き出したのです。これをもとに、ニーズがありそうなところだけに足を運びました。このとき、「○○先生がおたくのお子さん、ものすごくピアノが上手だっておっしゃっていましたよ」といったことを教えてあげれば、「○○先生がそんなことおっしゃっていたんですか」と相手も嬉しくなりますし、その結果、「○○先生のお知り合いなら確実だから、あなたから買いましょう」となるわけです。

もちろん、売りっぱなしで終わるなどということはしません。その後のピアノの調子はどうか、買ってくれた子はピアノをもっと好きになったのか、うまくなっているのかといったアフターケアにも努めました。そうしたかいあって、お客さんがお客さんを紹介してくれるようになり、気がついてみれば、私の販売成績は群を抜いていたのです。

このときの私は、「自分はできるかぎりのことをして、頑張ったから成績もいい。当然の結果だ」と自信満々でした。今にして思えば恥ずかしいかぎりです。人がいて、ふれあって関係ができたからこそ、そこから何かが起こったのだということにまったく気づかず、とにかく自分の力だ、と考えていたのです。

けれども、こういう考え方や価値観は、今の仕事をやりはじめてから徐々に変わっていきました。正確にいえば、「自分はやることをやって結果を出している。だからすごいのだ」ではなく、「みんながいてくれるおかげで自分はすごくなれたんだ」と思えてきたのです。

そればかりではありません。この仕事を始めてから、多くの人とふれあうことで、考え方や行動も変化し、自分自身が大きく成長していったことが実感できるようになりました。「こんなことをいったら、あの人は傷つくかもしれない」といった人の心の痛みがそれまで以上にわかるようになりました。「こうしてあげたら、あの人は喜ぶかもしれない」といった思いやりの心もいっそう強くなりました。

その意味で私は今の仕事に本当に感謝しています。これからも、自分とは違う世界の人や、違う個性をもった人たちと出会うことによって、自分の人間性に磨きがかかり、ますます成長できることを楽しみにしているのです。

では、チャンスをもたらしてくれたり、人間性を高めてくれる人との出会いを果たすためには、どういったことを心がければいいのでしょうか。出会った人と本当の信頼関係を築くためには、どういう点に注意を払えばいいのでしょうか。そのへんのノウハウは第三章で述べてみたいと思います。

「夢との出会い」は自分が本当に生きていることの証明

四つの出会いの中で最後に着目してもらいたいのが、夢との出会いです。

人間は、夢があるとそれが励みになります。人生に生きがいがもてるようになります。すると、毎日がイキイキと楽しくなっていきます。

これを海外旅行にたとえてみるとわかりやすいかもしれません。たとえば、あなたが夏休みに友達と一緒にヨーロッパへ行くことになったとします。あと一週間もすれば、念願のヨーロッパに到着……というとき、あなたならどういうことを考えるでしょう？　おそらく、暇さえあれば、こんなことを考えるのではないでしょうか。

「ギリシャの浜辺から眺める夕日は最高にキレイだろうなあ」

「せっかくだから、海の見えるホテルでブランチも楽しみたいな」

「向こうに行ったら、美術館や博物館、オペラを見にも行きたいなあ」

こういうことをイメージしていると、ヨーロッパでバカンスを楽しんでいる姿がよりリアルに思えるようになり、毎日がイキイキと楽しくなっていくのではないでしょうか。

そういうときに仕事で雑用をいいつけられても、ふだんなら不機嫌になるにもかかわらず、このときばかりはイヤな顔ひとつしないで笑顔で応対できるでしょうし、残業が続いたとしても、もうすぐヨーロッパに行くことを考えると、さほど苦にはならないはずです。

もう、おわかりでしょう。夢にも同様の効果があるのです。夢があると、とにかく毎日が楽しくなってきますし、自然と笑みがこぼれてきます。夢の実現のためなら、はためから見て大変そうに思えることも、当人にすればそんなに大変とは感じなくなります。困難に見舞われても、それを乗り越えていこうとする意欲がもてるようになります。「夢見る力」をもつことは、このようにいいことずくめなのです。

ですから、あなたにも人生を存分に楽しんでほしいし、「毎日が楽しくて楽しくてたまらない」といえる人になってほしいのです。

そのためには、生きがいにつながる夢と出会い、それを絶対にかなえるんだという強い気持ちをもつこと、これに尽きると思います。「何がなんでもそうなってみせる」「必ず、これをなしとげてみせる」と強く思い、そうなったときのことを具体的にイメージする。そして至福の気分を味わう。その瞬間、あなたの夢はもはや夢ではなくなり、「予定」となっていくのです。

小さなはじまりを大事にしていけば、あなたも「わらしべ長者」

これまで、「自分らしさ」「チャンス」「人」「夢」という運命の好転に欠かせない四つの出会いの重要性について述べてきましたが、本論に入る前にひとつだけ認識していただきたいことがあります。

それは、この四つの出会いはそれぞれが単独で成り立っているのではなく、つながりあっているということです。

たとえば、自分らしさがわからないでいたけれど、ある人と出会い、その人からいわれた何気ないひと言で、自分らしさに目覚めることができた。そのおかげで、夢を描くことができ、ずっとそのことを思い続けていたら、夢の実現のチャンスが到来した……ということだってあるでしょう。

あるいは、自分らしさに気づいたことで、夢が生まれ、その夢をかなえようと頑張っていたら、知人がある人を紹介してくれ、その人が夢の実現のチャンスを提供してくれるかもしれません。

さらにまた、夢の実現をめざす過程で、自分らしさに気づき、軌道修正を図ったところ、ある人と知り合うことができ、その人がさらなるビッグチャンスをもたらしてくれた……なんていうケースだってありえます。

ですから、一つ一つの出会いにこだわらないで、すべてつながりのあるものとして考えてもらいたいのです。

ところで、あなたは「わらしべ長者」という昔話を覚えていますか？

金持ちになれるよう観音様に願《がん》をかけた貧乏な男が、「この寺を出て一番はじめにさわったものを持って旅に出れば金持ちになれる」というお告げを受けます。その直後、男は石につまずいて転んでしまい、落ちていたワラをつかむのですが、それにつかまえたアブを縛りつけたら「ミカンと取りかえてほしい」といわれて交換し、さらにそれが反物になり、馬になり、そして男が馬を引きながら歩いていると、今度は大金持ちからこんな取りかえっこを申し込まれます。

「急用があって遠くへ行かなければならないので馬が必要です。どうかその馬と、私の家屋敷を交換してもらえませんか」

こうして、男はたった一本のわらしべを元手に、豪邸の主になることができた――という、あの昔話です。

たった一本のワラがめぐりめぐって大邸宅に大化けしたということは、石につまずいて転んでワラをつかんだことが、すべてのはじまりといえます。

同じことはあなたにもいえます。きっかけは小さなことでいいのです。取るに足りないことであっていいのです。誰かと知り合ったり、何かを感じたり、何か理解できないことが起きたら、「あ、これも縁なんだ」「いいことが起きる前ぶれなんだ」と自分自身に言い聞かせてもらいたいのです。一見、よくないことに出会っても、「こうなるには何か意味がある」と考えてほしいのです。

そういったことを意識的に心がけていけば、わらしべ長者でいうところのワラ、すなわち、運命好転の芽のようなものがおぼろげながら見えてくるようになります。

それは長年探し求めていた本当の自分らしさを知るきっかけかもしれませんし、成功や飛躍・発展のチャンスをつかむスタートかもしれません。あるいは、あなたの人生観やライフワークをよい方向に導いてくれる人とのめぐりあいかもしれません。それとも、生きがいを担ってくれる夢を描くはじまりかもしれません。

それが何であるか、はじめのうちはよくわからないかもしれないけれど、とにかくそれを大事に大事にしていけば、わらしべ長者のように人生がどんどんよい方向に変わるようになるのです。すべてがよい方向へと回転していくようになるのです。

さあ、あなたも、自分のわらしべを探す旅に、私と一緒に出かけてみましょう。

第一章

「自分らしさ」と出会う

まず、自分が何者であるかということを知らなければならない。

「オンリーワンの自分」をつくりあげる

自分らしさをキープするために気をつけたいのは、見栄を張ったり、格好をつけないということです。いつもそんなことばかり考えていると、自分らしさを見失ってしまうからなのですが、デメリットはほかにもあります。

それは、そういったことにこだわっていると、「相手よりも優れていたい」「あの人には負けたくない」という意識がどんどん拡大していくため、他人と競争することに目を奪われてしまう点があげられます。そして、問題なのは、これがさらに度を越すと、今度は「自分が一番でありたい」という妄想にとらわれてしまうことです。

なるほど、あなたがオリンピックに出場して金メダルをめざそうというのであれば、話は別です。それはひとつのたいへん立派な目標ですから。

でも、ここで忘れてはいけないのは、仮にあなたがオリンピックに出場して金メダルをとったとしても、いつまでもナンバーワンではいられないということです。理由はおわかりのはず。そう、ナンバーワンとは記録の象徴にほかならないため、いつかは塗りかえられる運命にあるからです。つまり、ナンバーワンの存在はきわめて流動的であって、不変ではないのです。

しかも、まことに失礼ながら、今のあなたはオリンピックうんぬんといったような〝崇高なレベル〟で物事を考えてはいないはずです。一番でありたいといっても、「ほかの同僚たちよりも上司からよく思われたい」「みんなよりも異性にもてたい」「誰よりも高価なブランド品を身につけたい」といった、私にいわせればどうでもいいことにエネルギーを費やしているのではないでしょうか。そして、誰かがあなたの上をいってしまったら、それこそ「くやしーい」「負けてたまるか」といわんばかりに巻き返しを考える。これって、ものすごくバカらしいと思いませんか?

結局、他人と自分を比較するということは、一喜一憂をくり返すだけで、時間のムダでしかありません。それは他人に振りまわされることですから、そんなくだらないことはすぐにやめて、自分のために用意された人生の時間を有意義に使うべきだと思うのです。

そこで、「人より優れていたい」「ナンバーワンになりたい」という考えは、この際、きっぱりと捨て、「オンリーワン」をめざしてみてはいかがでしょう。

オンリーワンはナンバーワンと違って、抜かれる心配もなければ追われる心配もありません。永久に一番であり続けなければいけないという、よけいなプレッシャーもかかりません。むしろ、ほかの人には入り込めない絶対的な要素、輝き、魅力といったものがあるのです。SMAPの『世界に一つだけの花』という歌にあるように、人とは違う種を育て、違う花を咲かせることに懸命になればいい。誰が一番という争いは必要ないわけです。

言い換えると、ナンバーワンはいつかほかの人に取ってかわられてしまうけれど、オンリーワンは取りかえがきかないため、いつまでも自分らしさがキープできるというわけです。どうです？　オンリーワンでいるってすばらしいことだと思いませんか？

その典型がビートルズです。たとえば、あなたにお聞きしますが、ビートルズの『アビイ・ロード』というアルバムを知っていますか？　こういうと、たいていの人はイエスと答えると思います。アルバムを聴いたことがなくたって、名前ぐらいは聞いたことがあるでしょう。

　では、もうひとつお聞きしますが、あなたはキング・クリムゾンというロックグループを知っていますか？　そのグループの『クリムゾン・キングの宮殿』というデビューアルバムをご存じですか？　こういうと、一部のロックファンをのぞいて、たいていの人はノーと答えると思います。

　でも、驚かないでください。この二枚のアルバムはほぼ同時期の一九六九年にリリースされたのですが、イギリスの『メロディ・メイカー』という音楽雑誌のヒット・チャートでは、『アビイ・ロード』を抜いて、『クリムゾン・キングの宮殿』が一位になっているのです。それも、キング・クリムゾンの場合、まったくの無名であったため、ろくなプロモーションすら行われなかったにもかかわらず、です。

　これがきっかけとなって、他誌でもキング・クリムゾンがビートルズを抜くという珍現象が起こるわけですが、ここで問題です。絶大な人気を誇っていたビートルズをしのいだキング・クリムゾンをあなたはどうして知らないのでしょうか？「ビートルズのほうが有名だし、私はロックを聴かないから」というのが一番の理由にくるかもしれませんが、結局、ビートルズはオンリーワンの存在であり続けているということです。つまり、どのグループがレコード・セールスでビートルズを抜こうが、そんなことは関係ない。世の中に二つとない絶対的な存在だから、何十年たっても輝いていられるというわけなのです。

日本でいえば、美空ひばりさんが『川の流れのように』をリリースしたときもそうでした。結局、その年はＷｉｎｋの『淋しい熱帯魚』にレコード大賞をもっていかれましたが、今、あなたはどちらの曲のメロディが口ずさめますか？　ワンフレーズぐらいかもしれないけど、『川の流れのように』のほうではありませんか？　そう、ビートルズ同様、美空ひばりさんもまたオンリーワンの存在なのです。レコード大賞をとろうがとるまいが、そんなことは二の次、三の次、どうでもいいことなのです。結局、オンリーワンでいるほうが強いのです。

ですから、あなたも「他人よりも優れていたい」「一番でいたい」と考える暇があったら、自分にしかない魅力を磨くべきです。人と比べられてもびくともしない、唯一のものを身につけるべきです。ＳＭＡＰが歌う「世界で一つだけの花」を咲かせるべきなのです。

さあ、あなたなら、どんな花を咲かせるでしょうか。

欠点なんてホクロのようなもの

「あなたは自分のことが好きですか？　自分という人間を愛していますか？」

こう聞かれて、答えられずに考え込んでしまう人は要注意です。だってそうでしょう。自分を好きになれない人がどうして他人を好きになれるのでしょうか。そして、他人を好きになれない人が、人からチャンスをもらえると思いますか？

では、どうして自分のことが好きになれないのでしょうか。私の考えをいわせていただくと、それは自分の欠点ばかり気にしているからだと思うのです。

「私はパソコンが下手だし、仕事でミスばかりしている」

「運動神経が鈍いから、スポーツをやってもみんなについていけない」

「神経質で気が小さいから、ささいなことでいつもクヨクヨしてしまう」

こんなふうに、欠点ばかりに目を向けているため、自分に自信がもてなくなってしまうから、自分が好きになれないのです。

しかし、私にいわせれば、欠点なんてホクロのようなものです。人から「それ、ホクロ？」と聞かれたら、「うん、そう」。これでおしまい。要するに、欠点はホクロと同じで、誰にでもいくつかはあるもので、それをいちいち気にしていたらキリがないわけです。

しかし、気になるものはやっぱり気になってしまうというのが、人間というもの。そこで、欠点がどうしても気になる人は、あなたならではの得意なものをもつといいと思います。「これだけは他人に負けない自信がある」という特技を磨くようにするのです。

「スポーツは苦手だけど、パソコンはうまい」
「事務能力はほかの人に劣るけど、英会話ができる」
「歌は下手だけど、車の運転だけは誰よりもうまいと思う」

このように、何かひとつでも得意なことや特技のようなものがあり、なおかつ、それを生かすように努めていけば、欠点にあまり目がいかなくなるはずです。

また、これといった得意なものや特技がないという人は、子供のころにさかのぼって、両親や学校の先生、あるいは友達からほめられたことを思い出してみるといいかもしれません。「作文が上手だって、担任の先生からほめられた」「クラスで鉄棒が一番うまかった」といったことが、案外、自信につながったりするものです。

同じことは性格についてもいえると思います。「ズボラでおっちょこちょいだけど、行動力があるから後輩から慕われている」「神経質で気が小さいけど、几帳面だし責任感がある」といったふうに、自分特有のよさを探りあてていけば、性格上の欠点もさほど気にはならなくなるはずです。

ちなみに、私は英語がからきし苦手で、ほとんどしゃべれません。にもかかわらず、外国人の友達がいっぱいいます。英語がペラペラしゃべれる人よりです。それも、NBAのスター選手から有名画家、人気デザイナーまでありとあらゆる職種の友達です。

それはなぜかというと、英語ができなくても、身振り手振りを交えながら積極的にコミュニケーションを図るからです。「あなたとお友達になりたい」という思いの強さで人に接しているからです。つまり、「中島薫は英語はしゃべれないけど、度胸とコミュニケーションの能力だけは人一倍ある」と、こうなるわけです。要は、ダメなものや苦手なものがあっても、得意なものや好きなものをどんどん生かすようにすることです。欠点から自分の意識をそらすには、これが一番なのです。

いずれにしても、得意なことに目がいくようになれば、自分という人間がだんだんと好きになれるはずです。そうすれば、自分の生き方が肯定できるようになります。自分を認めることができるし、何かうまくいかなくて失敗しても、それをまるごと受け入れられるようになります。そのたびに、あなたは自分の成長に欠かせない、いろいろなことを学んでいけるようになるのです。

魅力的な人は自分を丸裸にできる

詳しくは次項でお話ししますが、私は三歳のときに小児まひをわずらったため、左手が少しばかり不自由です。

でも、このことはふだんまったく隠していません。物心ついたときからそうなので、自分ではもう欠点や弱みとは思っていないのかもしれません。それでも、初対面の人に会うときなどはたまに、そのことをはじめに口にすることがあります。人によっては、やはり私の左手に視線がいってしまうようで、どうも気になるらしいからです。そこで、私のほうからはじめに打ち明けてしまえば、「なるほど」ということで、相手もまったく気にならなくなり、会話もスムーズにいくというわけです。

この弱点やハンディをさらけだすことが苦手な人は多いようで、隠そうとする人も多いでしょう。その根底には、「人に弱点（ハンディ）を知られたくない」「相手からよく思われたい」という気持ちがあるからなのでしょうが、それはかえって逆効果というものです。

弱点やハンディを隠そうとすると、どことなく不自然な応対になってしまい、会話していても、どこかぎごちなくなります。ほころびが出ないように取りつくろうことばかり考えているため、神経をすり減らし、ストレスまでたまってしまいます。そうなると、本来の自分らしさがどんどん薄れていってしまうのです。

それは相手も同じことです。あなたに対してどこか不自然さを感じるだろうし、会話も弾みません。だから、あなたの真意もくみとれない。そのため、コミュニケーションがとりづらくなってしまうのです。

そこで、この際、ちょっと勇気がいるかもしれませんが、思いきって自分の弱点やハンディをさらけだしてしまってはいかがでしょう？　こだわりや羞恥心《しゅうちしん》といった、あなたのうわべを飾っているものを脱ぎ捨てて、丸裸の状態になってみるのです。

いったん丸裸になってしまえば、怖いものはありません。ありのままの自分で自然に人と接することができます。力む必要もなければ、自分を実力以上に見せる必要もありません。よけいなことで神経をすり減らすこともありません。むしろ、自分にとって望ましい生き方が見えてくるようになると思うのです。

ベストセラーになった『五体不満足』（講談社刊）の著者の乙武洋匡くんがいい例です。彼も自分を丸裸にしているので、「不満足な体」も、もはや彼の個性になってしまっています。

さらに、あなたが弱点も何もかもさらけだし、自然体で接していけば、相手はあなたに「本気」を感じるようになります。すると、「この人のためにひと肌ぬごう」「この人を応援してあげよう」という気持ちをいだくようになるのです。

とくに日本人は「情」で動くメンタリティをもっていますから、あなたに情が移ることによって、相手はあなたの味方になるのです。

これは知人から聞いた話ですが、赤面症で悩んでいるある女性がいました。人に会うと緊張してしまい、うまく意思表示ができなくなるというのです。その女性が、新卒で入ったＯＡ機器の会社でいきなりセールスの仕事をやらされたのですから、たまったものではありません。

「こんな会社、辞めてしまおうか」とさんざん悩んだ彼女でしたが、半分ヤケッパチになったのがよかったのでしょう。得意先に赴いて担当者と名刺交換した直後、真っ先に、「私って赤面症なんです。おまけに顔がまん丸で、リンゴみたいでしょう？」といったところ、相手はいきなり爆笑したというのです。

しかし、このひと言で彼女の気持ちはだいぶ楽になりました。自分が一番気にしていたことを最初に口に出したので、緊張の糸がプツンと切れたのです。しかも、相手も「それじゃあ、日焼けサロンに行ったら、焼きリンゴになるね」と返してきたので、本人まで爆笑。結局、これがきっかけで話が弾み、契約をとることに成功したのです。

ちなみに彼女はこのときの体験が自信になったのか、今では赤面症もすっかり治り、その会社でバリバリのセールスレディとして活躍しているそうです。

この例にもあるように、自分をよく見せようとしないこと、人からよく思われようとしないことです。逆に丸裸になって、自分のすべてをさらけだしてしまい、素顔のままでいること。そうすれば、それがあなたの魅力となって相手の心にも浸透していくようになるのです。

欠点やハンディは人生をよい方向に後押ししてくれる

前項で、赤面症だった女性の話を紹介しましたが、これは言い換えると、赤面症が彼女の人生をよい方向に後押ししてくれたといえるのではないでしょうか。だって、もしも彼女が赤面症でなければ、ありのままの自分を人にさらけだすことがなかったかもしれないのです。そうなると、彼女の魅力は半減していたかもしれません。ということは、バリバリのセールスレディにはなれなかった可能性だってあるのです。

そういう意味で、欠点やハンディはその人の人生をよい方向に導いてくれたり、楽しませてくれるための武器にもなってくれると思うのです。

私も左手のハンディキャップのおかげで、けっこう人生を楽しませてもらっています。そのひとつが自称〝笛の達人〟になれたことです。

先にもちょっとふれましたが、私は幼いころに小児まひをわずらったため、小学校にあがっても、左手が少しばかり不自由な状態でした。

そのため、母は私が進級するたびに、担任の先生に「薫は小さいときに小児まひをしまして、左手の発育が悪いのです。右手と同じようにできませんので、そのへん、どうかよろしくお願いします」と前もっていっておいたらしいのです。もっとも、当の本人は、それほど左手の不自由を感じることなく、それなりにまあまあうまくやっていたのですが。

そんな私でしたが、小学校三年のときに、ひとつの壁にぶつかってしまいました。音楽の授業で縦笛をやることになったのですが、左手のせいで、どうもうまく吹けないのです。そのことを母にいうと、「要するにちゃんと音が出たらいいわけでしょう。それなら、右手と左手を反対にして吹いてみたら？　それでうまくいけばいいんじゃない」と、アドバイスしてくれました。

そのおかげで、私は縦笛がかなりうまく吹けるようになったのですが、それが原因で、先生に叱られたことがありました。私がほかの生徒と手を反対にして笛を吹いているのを見て、「この子は人よりもよく吹けると思って、わざと手をあべこべにしているんだ」と思ったらしいのです。実は、あとになってわかったことですが、母が音楽の先生に私の左手のことをいい忘れていたのです。そのため、事実を知った音楽の先生は、あとでものすごく恐縮していたのはいうまでもありません。

それはともかく、先生が私をパッと見て、「手が不自由だから反対の手で演奏しているんだ」と思わなかったほど、私は縦笛を吹くのが上手だったのです。

その後、笛の演奏にますます自信を深めていった私は、島根県の音楽コンクールの独奏部門でもモーツァルトとバッハを演奏して優勝しました。それも、ピアノやヴァイオリンやフルートといった並みいる「強敵」を押さえて、です。

人間、ハンディがあっても、その気になればふつうの人よりもすごいことができることを実証した、よい例といえるでしょう。

話はこれで終わったわけではありません。実は、私の縦笛には後日談があるのです。あるとき、私は仕事で韓国に講演に呼ばれて一万五千人の前でスピーチすることになったのですが、韓国の聴衆はいつも熱心に私の話に耳を傾けてくれるので、そのお礼と感謝の気持ちをなんとか伝えたいと考えていました。ただ、私は韓国語がまるでダメで、せいぜいあいさつがいいところ。気のきいたことはいえそうにもありません。

ところが、講演の前日、ホテルのテレビで韓国の国歌が演奏されているのを見ていたら、こんなインスピレーションがわいてきたのです。

「そうだ。私の気持ちを音楽で表現しよう。得意の笛で韓国の国歌を演奏してみよう。みんな喜んでくれるかもしれない」

そう思った私はスタッフに縦笛を買ってきてもらい、さっそく練習。こうして、翌日のステージで韓国国歌を演奏したのです。もちろん、みんなとても喜んでくれ、会場中が私の笛に合わせて国歌を大合唱してくれたのです。

どうです？　すごいと思いませんか。私だってハンディがここまで長所に転化していくとは夢にも思っていませんでした。

ちなみに、これは縦笛に限ったことではありません。私は左手があまりいうことをきかない分、右手がものすごく活躍してくれているのです。たとえばテニス。自分でいうのも何ですが、鋭いリターンや強烈なバックスライスにはけっこう自信がありま す。それから卓球。親しくしているファッションデザイナーのコシノジュンコさんにいわせると、「自分の家には卓球台があってときどき練習しているけど、中島さんには全然歯が立たない」とのこと。

そのジュンコさんから、先日、こういわれたときは、嬉しさもさることながら、あらためて自分の左手に感謝しなければいけないと思えてきました。

「中島さんは字を書いたらものすごく達筆だし、スポーツだってテニスも卓球もボーリングもみんなものすごくうまい。右手であんなに何でもできるんだから、左手が不自由でも本当の意味では不自由してないくらい。私なんか両手でも薫さんにはかなわない」

たしかにそうかもしれません。もし、私の左手がふつうの人と同じ状態であったら、縦笛もスポーツもこんなには上達しなかったでしょう。というよりも、もっと広い意味で、自分の心の根っこの部分の強さというものが、今よりも少し弱くなっていたような気がするのです。

言い換えると、「ハンディがあるから、みんなと違う方法で頑張ろう」という気持ちがどこかにあり、その意識が自分では気づかないところで拡大していき、好奇心や探究心や向上心に満ちた個性を育んでくれたのではないかと思うのです。そう、ふつうならハンディと思われることが、自分の個性や長所になってくれたというわけです。

同じことはあなたにもいえると思います。人間、誰にだって欠点やマイナスの部分があります。問題は、それをどうプラスに転化していくか、どうやって自分特有の武器にしていくかです。そのことに意識を向けるだけで、私同様、その後の人生展開はガラリと変わっていくはずです。

やりたくないことは無理をしてまでやらない

あなたは毎日、やりたいことを思う存分やっていますか？　それとも、やりたくないことを無理してやっていますか？　こういわれたら、たいていの人は後者のほうに手をあげることでしょう。

もしそうだとしたら、これから先、やりたくないことを無理してやるのはなるべく控えたほうがいいと思います。「周囲の人から白い目で見られそうだから」「みんながそうしているから自分もそうしないと」といった具合に、周囲の目をうかがいながら、自分の意に反することをやり続けていると、これまた自分らしさを見失ってしまうことになるからです。

かといって、誤解しないでほしいのですが、私は何も「イヤなことはいっさいしなくていい」「放り投げてもかまわない」といっているわけではありません。「本当はこれをしたい」「AよりもBのほうがいい」という欲求があれば、そちらのほうを優先してもらいたいだけなのです。

たとえば、こんな人がいました。建設会社で営業の仕事をしているAさんは、あるとき「運動不足とストレスの解消をかねて、学生時代、夢中になってやっていたテニスをまた始めよう」と思い立ちました。ところが上司のこのひと言が彼を間違った道へと進ませてしまったのです。

「どうせやるんだったら、ゴルフにしろ。接待ゴルフだって仕事のうちだぞ。おれがレクチャーしてやる」

そこで、Aさんは高価なゴルフ用品を一式購入。上司と一緒に毎週末、練習場に足を運ぶようになったのですが、結局、何か月やっても上達しませんでした。

理由はいたって簡単です。やりたくないものを無理してやったからです。Aさんの場合、本当はテニスをしたかった。テニスなら得意だし、爽快で楽しい気分になれる。ストレスも解消できるかもしれない。けれども、ゴルフにはまったく関心がないのに、上司の勧め（命令）で仕方なくやっていた。だから、ちっとも楽しくない。本気になれない。そのため、いっこうに上達しなかった……というわけです。

この話はけっして他人事ではありません。興味や関心がないこと、イヤなことを無理して続けても、かえってストレスがたまる一方で、いいことなどひとつもないのです。それだったら、「やりたいこと」「本気になれること」「興味のあること」にエネルギーを注ぎ込むのです。そうすれば、今まで埋もれていた能力（才能）を呼び起こすことができますし、個性を磨くチャンスだって開けてくるのです。

ただし、ここでこの「ゴルフができるようになる」というのがどうしても避けて通れないものだった場合、思いきって好きになってしまう、というのも別の「チャンスをつかむ」方法のひとつです。発想をかえて、自分から興味をもってチャレンジしてみることで、別の扉が開くこともあります。ここでAさんがゴルフを好きになって上司や取引先とゴルフの話題で盛り上がれるようになれば、新しいビジネスチャンスを手にできるかもしれないからです。

私などは、これを地でいってるようなものです。「どこどこへ旅行に行きたくなった」「何々を食べたくなった」「誰々のコンサートに行きたくなった」というときは即座に実行に移します。何かに興味をもったら迷うことなくトライしますし、するべきことは好きになることにしています。考えるよりも行動が先にきてしまうわけです。

とくに、興味をもったことには何にでもトライしてみるという姿勢はものすごく大事だと思います。新鮮なショックや未知の感動が味わえるかもしれないし、感性が刺激され想像力や好奇心がますます高まっていくかもしれません。すると、そこから今後の人生の新しい展開が見えてくる可能性だってあるからです。

なお、その際、二つのことを肝に銘じるといいと思います。

ひとつは、できないという思い込みを捨てること。人間、やりたくないことはもともと考えつかないように頭の構造ができています。ということは、あなたが「やりたいな」と思ったことはできるのです。だから、「これをしたいな」「あれをやりたいな」と思ったら、失敗を恐れることなくチャレンジしてみるといいと思います。

もうひとつは、他人の目を気にしないこと。「こんなことをしたら、人からバカにされるんじゃないだろうか」と思っていては、行動力も半減してしまいます。だいいち、他人があなたの人生の責任をとってくれるわけではありません。ですから、人に迷惑をかけない範囲なら、他人がどういおうと、自分の信じた道を突き進むべきです。

そこに、あなたらしさがあるのですから。

夢中になれるもの、ワクワクするものに取り組む

あなたにとって、時間がたつのも忘れるほど夢中になれるものは何ですか？　取り組んでいるとワクワクしてくるものは何ですか？　おもしろくておもしろくてたまらないものは何ですか？

「セールスは苦手だけど、販売プランを練っているときはワクワクする」

「ボランティア活動でお年寄りの世話をしていると、時間のたつのも忘れる」

「ギターを手にすると何時間でも弾いてしまう」

こういったものがひとつでもあればしめたものです。自分らしさを知るいい機会だ

といえるでしょう。こういう感情がわくというのは、とりもなおさず個性や才能が生かされている証拠で、それが仕事であれば飛躍・発展・成功に結びついていく可能性がたぶんにあるからです。

私の場合でいうと、現在の仕事がまさにそうです。この仕事をやりはじめてから、もう二〇年以上たつのですが、いまだに感動と興奮の連続で、毎日ワクワクドキドキのしっぱなしなのです。

それは「自由にマイペースで仕事ができる」「人と会うのが大好き」「人を喜ばせたり感動させるのが大好き」という自分らしさ、つまり自分の個性とうまくかみあっているからだと思います。だから、何時間やっても疲れません。はためから見てつらそうに思えることも、私からすればちっともつらく感じない。失敗しても落ち込んだためしがありませんし、その失敗から大きな成功につながってしまうことだってあるのです。だから、やりがいと満足感をいつも感じるし、毎日が快適……。そんなポジティブな感情が心の底からわいてくるのです。

夢中といえば、先日、知人たちと談笑していて、相撲の話題になったことがありました。このとき、知人の一人が「北勝海」という力士の名前を口にしたのですが、私は思わず、「北勝海？　誰、それ？」といってしまいました。そうしたら、北勝海という力士は千代の富士の弟弟子で、横綱にまでなったというではありませんか。私は千代の富士と若貴兄弟のことは知っていましたが、北勝海という横綱の存在はちっとも知りませんでした。聞けば、北勝海が活躍したのは八〇年代の後半から九〇年代の初めにかけてだといいますから、私が寝る暇も惜しんで仕事をしていたころです。つまり、当時の私は世情にうとくなるほど、仕事に熱中していたのです。

その前に作曲家生活を送っていた時期が短かったので今となってはなんともいえませんが、作曲家の仕事に熱中していたら、さすがに職業柄、ここまで世情にうとくはならなかったかもしれません。

そういえば、今だからいえるこんな話があります。「世界歌謡祭」の式典で、会場の武道館にいらした人のために当日のプログラムを用意するのですが、そこに作曲家たちのプロフィールが記載されることになっています。ほかの作曲家のみなさんが手がけた曲の数を見ると、五〇〇曲とか六〇〇曲とかいう数字です。その中で、私はたったの二曲だけ。もっとも、たまたま作った曲を応募したらそれがグランプリに選ばれたという事情なので、当然といえば当然なのですが。しかし、さすがに「いくらなんでも、これじゃやっぱりさまにならない」と考えた私は、ドキドキしながら思いきりサバを読んで「五曲」と偽って記載しました。今にして思えば、二曲も五曲もたいして変わりはなく、どうせだったら「一〇〇曲」くらいにしておけばよかったのですが、当時の私からすれば、それはそれはものすごく勇気がいる決断（ハッタリ）だったのです。

いずれにしても、何か夢中になれるものをもっていて、それに打ち込めるというのはとても幸せなことだと思うのです。それが仕事なら、なおさらです。だって、人の一生を考えたとき、一番長いのは寝ている時間を別にすると仕事をしているときなのですから。

だから、あなたも、「どうすれば夢中になって仕事に取り組めるか?」「どういうふうにしていけば、仕事がおもしろくなるか?」ということを真剣に考えてみるといいかもしれません。

「仕事が楽しみならば人生は楽園だ。仕事が義務ならば人生は地獄だ」

これはロシアの作家ゴーリキーの言葉ですが、仕事がおもしろければ、最高のライフスタイルが送れるようになるのです。

固定概念は自分らしさをどんどん遠ざけていく

ところで、あなたは物事に対して、こういった考え方をしていませんか？

「お茶は女子社員がいれるものだ」

「今どきの人は、みんな、携帯電話ぐらい持つべきだ」

「デートのときは男性がお金を払って当たり前」

もし、思いあたるフシがあるなら要注意です。今日からさっそく改めたほうがいいでしょう。というのも、「こうするべきだ」「こうでなければならない」という考え方は、自分勝手な思い込み、すなわち固定概念にほかならず、それがあると、これまた自分らしさを見失ってしまうことになるからです。

そういう人は定められた角度からしかものが見られませんし、ひとつのものさしでしか物事が測れません。それが度を越すと、今度は自分のできる範囲、知っている範囲のことと照らし合わせながらでしか、物事が考えられなくなります。とどのつまり、視野の狭い人間になってしまうため、本来、自分がもっている可能性を発揮できないまま終わってしまうことになるのです。

その点、私は物事に対して、「こうでなければダメ」と思ったためしがありません。要するにストライクゾーンが広いのです。音楽ひとつとっても、クラシックはもとより、ジャズ、ポップス、ハードロックといった洋楽から演歌や民謡にいたるまで、あらゆるジャンルの音楽が抵抗なく聴けます。

どうやら、これは「いいものはとにかくいい」という、子供のころからの偏見をもたない習慣がそうさせているのかもしれません。

たとえば、私には姉が二人いて、子供のころ、よく母親が私たち三人におもちゃを買い与えてくれました。その際、「薫は男の子だから」という区別はしないで、いつも三人に同じものを買ってくるのです。人形だってそうです。男の子用の人形と女の子用の人形というふうに分けないで、まったく同じものを三つ買って、それぞれに与えてくれるのです。だから、「お姉ちゃんの人形のほうがいい」といってケンカをすることもなかったし、私自身、「これは男っぽい」「あれは女っぽい」という区別もありませんでした。

また、こんなこともありました。知り合いの船長さんが私たち三人にお土産だといって下駄を買ってきてくれたのです。姉二人が赤い鼻緒の下駄、私がグレーの鼻緒の下駄だったと記憶していますが、正直、私はそれが気に入りませんでした。男の子用とか女の子用とか、そういうことはいっさい関係なく、純粋に赤い鼻緒のほうがキレイに思えたのと、グレーが地味であまり好きではなかったからです。ただし、今だったらグレーのほうが自分の持っている浴衣とコーディネートしやすいので、こちらを選ぶと思いますが。

つまり、今にして思えば、そのときから「自分は男だからこうあるべき」といった先入観や固定概念がなく、「いいものはいい」「キレイなものはキレイ」「好きなものは好き」という自分の欲求に素直にしたがうくせがあったのです。

私はよく人から「薫さんは決断力がすごい」「答えを出すのが早い」といわれますが、どうやらそのへんのこと、すなわち固定概念に縛られないで自分の欲求に自然にしたがうという習慣がたぶんに影響していると思うのです。

それはさておき、この固定概念は、どうすれば打ち壊すことができるのでしょう？

いちばん手っ取り早い方法は、簡単なことでいいから行動パターンに変化をつけてみることだと思います。通勤コースを変えてみる、ふだんあまり行かないお店で食事をしてみる、ご無沙汰している友人に連絡をとってみる、めったに聴かない音楽を聴く。

このように、自分の習慣や好みから少し離れてみれば、ひょっとすると今までとは違った自分、自分でも知らなかった別の自分がクローズアップされるかもしれません。それが「こうでなくてはならない」という思い込み——固定概念の打破につながっていくのです。

それと、もうひとつ重要な点を指摘しておくと、大事なところはこだわるけれど、小さなことやどうでもいいことにはこだわらないようにしましょう。

ところが、みなさん、意外とこれがキチンとできていない。こだわるべきところをこだわらないで、こだわらなくてもいいところをこだわっている。だから、いろいろなことがうまくいかなくなるわけです。

これを私自身に置き換えて考えてみると、どうなるでしょう？　おそらくふつうの人なら作曲家という仕事にこだわり、新しい仕事には見向きもしないことでしょう。でも、私は違いました。私がこだわったのは作曲家という仕事ではなく、「自分らしさ（個性）が生かせる仕事をする」ことでした。作曲家の仕事でうまくいっていたし、あのまま続けても作曲家として成功していた自信はあります。しかし、自分を生かすということを考えれば、今の仕事のほうがその可能性がはるかに高い——そう考えたのです。だから、作曲家としての活動をやめることに対して何のとまどいもなかったし、何の未練もなかったというわけです。

ですから、あなたも、「自分が一番に求めているものは何か？」「自分にとって好ましい生き方とはどういうものか？」といったことを大局的な視点で考えてみるといいと思います。その際のポイントは、見栄や損得やプライドといった、自分を束縛しているものをできるかぎり断ち切ってしまうこと。そうすれば、こだわるべき点、こだわらなくてもいい点がはっきりと見えてくるはずです。

自分という人間の可能性をもっと探求する

昔、ある学者がノミを使っておもしろい実験をしたことがありました。

ノミはあんな小さな体ですが、通常、約一五〇センチの高さまでジャンプします。

実験というのは、このノミを、高さ九〇センチの透明のガラスケースの中に入れると、いったいどうなるかというものです。最初、ノミはいつもの調子でジャンプしますが、九〇センチのところでガラスにぶつかって下にたたきつけられてしまいます。ノミはなぜそうなったかわからず、ジャンプを何度かくり返しますが、そのたびにたたきつけられて痛い目にあいます。すると、最後にはノミもガラスケースにぶつからない高さでジャンプするようになるのです。このあと、ノミをガラスケースの外に出しても、もはや九〇センチ以上の高いジャンプはしなくなるといいます。

さて、なぜこんな話をしたかというと、私たち人間もノミと同じことがいえると思うからです。

人間には、本来すばらしい能力――可能性がそなわっています。それにもかかわらず、多くの人は周囲の否定的な意見や失敗体験にまどわされ、「現実は思った以上に厳しい」「自分は何をやってもダメな人間だ」「どんなに頑張ってもできないだろう」と勝手に思い込んでしまっています。ひどい人になると、何かにトライする前から、「どうせダメに決まっている」「どうせ失敗するだろう」としり込みしてしまいます。これでは、自分という人間の可能性を自分で閉ざすようなものです。

けれども、ノミが本来一五〇センチも跳べるのと同じように、あなたにも自分の夢をかなえたり、人生を大きく飛躍させるだけの可能性が十分にそなわっているのです。

そう、この「そなわっている」というところがミソで、新たにつくり出す必要はないのです。言い換えると、自分の中に眠るそれを自分自身の手で見つけて、掘り起こせばいいのです。

そのためには、「自分はこんなはずではない」という考えをもつことが大切です。ただ、誤解してもらっては困るのですが、これは今の自分を否定しなさいという意味ではありません。むしろ、今の自分を肯定したうえで、もっと上の自分を探し求めていくという意味なのです。そう、「私はもっとできる」「自分にはもっと何かある」と、自分の多面性や可能性を積極的に発見していくように努めてもらいたいのです。

それには、いろいろなものを見たり、いろいろな人に会ったり、いろいろなところに行ったりなど、とにかくたくさんの経験をしてみることが大切です。

また、趣味でも習い事でもいいから、何か新しいことを始めてみるのもいいかもしれません。あるいは、あまり観光客が行かないような場所に旅してみたり、パラセーリングやスキューバダイビングのような冒険心にとんだスポーツを行うなど、非日常的な体験をしてみるというのも手です。美術館や博物館で文化や芸術にふれたり、コンサートやスポーツ観戦で感動を味わったり、歌舞伎や能で「和の心」を楽しむのもいいでしょう。

そうすると、感性が刺激されて、探究心や好奇心がどんどん高まっていきます。これまでは見えなかったものが見えてきたり、忘れていたことを思い出したり、求めていたことがはっきりとわかるようになります。今まで気づかなかった才能に目覚めることだって大いにありえます。それが、あなたの人生の新たな可能性につながっていくのです。

自分も他人も知らない自分が必ずある

あなたは「ジョハリの窓」という言葉を聞いたことがありますか？　実は、私も最近知ったのですが、これはジョー・ルフトとハリー・イングラムという二人の提唱者の名前を合成してつくられた心理学の専門用語で、人間の心の領域を四つのパターンに分類したものらしいのです。四つのパターンとは次のようなものです。

- 開かれた領域
- 秘密の領域

・盲点の領域
・未知の領域

簡単に説明しておくと、「開かれた領域」とは、自分が知っていて、他人も知っている領域のことをいいます。「私は人から行動力があるといわれ、自分でもそう思う」という認識がこれにあてはまります。

次の「秘密の領域」とは、自分は知っているけれど他人は知らない領域をさします。「みんなは私のことを神経がずぶといというけれど、そんなことはない。私って本当はものすごく気が小さい」という認識がこれに該当します。

反対に「盲点の領域」とは、自分は知らないけれど他人は知っている領域をさします。「自分はおおらかな性格をしていると思うけれど、ある人から気が短いといわれた。心外だ」というのは、まさにこの「盲点の領域」といっていいでしょう。

最後の「未知の領域」とは、自分も他人も知らない領域のことをさします。無意識――潜在意識の部分と解釈してもいいと思います。

さて、この四つの領域の中でまず着目したいのは「盲点の領域」です。私たちは、自分のことは自分が一番よく知っているつもりでも、意外と気づかなかったり、見過ごしていることがたくさんあるものです。そこで、「盲点の領域」に目を向け、この先、人から次のようなことをいわれたら、素直に耳を傾けてもらいたいのです。

「きみって、どちらかといえば文科系よりも理科系タイプの人間だね」

「あなた、人に接するのが苦手っていってたけど、本当は人と会うのが好きなんじゃない」

「あなたって、自分じゃ気づいていないかもしれないけど、意外と短気なのねえ」

どうして「盲点の領域」が重要かというと、他人の意見や忠告を素直に受けとめることによって、今まで気づかなかった本当の自分らしさ、すなわち個性や潜在的な能力が見えてくる場合があるからです。

実際、誰かがポツンといった何気ないひと言が、その人のその後の人生（運命）を大きく変えてしまう……なんていう話はよく耳にするものです。

歌手のペギー葉山さんなどは、その典型といえるでしょう。ペギー葉山さんはもともとジャズ歌手として活躍していました。ところが、あるとき、テレビの仕事で高知県に行くことになり、スタッフから『南国土佐を後にして』を歌ってもらえませんか?」と頼まれました。当初は「冗談じゃない。私はジャズシンガーよ」とつっぱねた彼女でしたが、スタッフの「一回だけでいいから」という言葉に押しきられ、その歌を歌ったところ大好評。結局、これがきっかけでレコードまで出すことになり、そちらのほうも大ヒット。高知県を広くイメージアップした功績が評価されて、高知県名誉県人として表彰されるまでにいたりました。その意味で、スタッフのいったひと言は彼女の人生を大きく変えたといってもいいでしょう。そのスタッフはペギー葉山さんの声がその歌にフィットすることを信じてやまなかったのかもしれません。

ですから、あなたも人から意見や忠告を受けたからといって、反発してはいけません。むしろ、そういうときにこそ、「自分では気がつかない本当の自分らしさを知るいい機会かもしれない」と考え、ありがたく相手の意見に耳を傾けましょう。

ところで、この「自分らしさを知る」ということで、私に自分でも気づかなかった中島薫を教えてくれた人がたくさんいるのですが、その中の一人にアメリカ人のデザイナーのジェフ・ハミルトンがいます。彼はNBAやCARTといったアメリカを代表するスポーツ界のスーパースターやたくさんのセレブたちを顧客にもつすごい人です。彼とはNBAの試合を見に行ったときに知り合ったのですが、ひと言でいうと、お互いの好みや考え方がとても似ているのです。「いいな」と思うものが本当によく似ているのでビックリします。私はそれまで、自分と何かが似ている外国人がいるなんてありえないと思っていました。しかし彼は違いました。言葉が通じないのもまったく苦にならないくらい、一緒にいるのが楽しいのです。魂が通じ合うとでもいうのでしょうか。彼も私のことを「ソウル・ブラザー」というくらいです。

そして、お互いの好みが似ているということで、自分がいいと思うものなら相手もいいと思うのではないかと、お互いに気にいったものを紹介しあったりするのですが、これがまた驚くくらい「いいじゃない！」なのです。私は彼のおかげで、これまで知らなかったものや挑戦しようと思ったことのなかったものと出会えて、また別の自分を知ることができました。ですから彼にはとても感謝しています。

自分では気づいていないかもしれませんが、あなたの内にはダイヤモンドの原石のように磨かれていない能力や個性といったものが潜んでいます。それを見つけてくれるのが、実はほかの人たちなのです。そう、この世の中には、自分以上にあなたを知っている人がたくさんいるのです。

ただ、中島薫の場合、よくばりなので、「盲点の領域」の開拓だけでは終わらせたくありません。できることなら、「未知の領域」にも踏み込み、自分も他人も気づいていない部分さえもどんどん開拓していきたいと思っています。そうすれば、自分らしさをもっともっと知ることができる。個性や才能をいっそう磨くことができる。すると、それが仕事や人間関係にも生きてくる。趣味の幅も広がってくる。だから人生がますます楽しくなる――こう考えているのです。

そのためには、他人の知らない自分をもっともっとオープンにする。一方で、他人から自分では気がつかない点をアドバイスされたら素直に聞いて、これからの人生に役立てていく。こういう考え方をすると、理想の生き方が手に入りやすくなるのではないかと思います。

第二章

「チャンス」と出会う

起こることをすべて受け入れれば、
「偶然」と「必然」の見分けがつくようになる。

チャンスは意外なときに意外な形でやってくる

プロローグでも述べましたが、チャンスは日めくりカレンダーのように毎日押し寄せているというのが私の持論です。でも、「果報は寝て待て」とばかりに、ただ待っているだけではチャンスをつかむことはできません。

チャンスはたしかに向こうからやってくるものには違いありません。けれども、それをつかみとるのはあなた自身なのです。あなたにつかもうとする意志がないと、チャンスはあなたのもとを通り過ぎていってしまうのです。

これをタクシーにたとえて考えてみるとわかりやすいと思います。タクシーをつかまえるとき、あなたならどうするでしょうか？　ちょっと道端に乗り出して、手をあげるはずです。たとえお客を乗せたタクシーばかりが目の前を通過し、しばらく空車が全然来なくても、ずっと手をあげ続けていれば、いつかは空車が止まってくれるはずです。しかし、あなたが手をあげなければ、タクシーはどんどん通り過ぎていってしまうだけです。

原理はまさにこれと同じことなのです。チャンスをつかまえるときも、何もしないでボーッと待つのではなく、「よし。つかまえてやろう」という積極的な姿勢をとってもらいたいのです。

ただ、タクシーなら向こうからやってくるとき、明らかに「私はタクシーです」とシグナルを発してくれますが、チャンスの場合、ひと目でわかるシグナルは発してくれません。チャンスはタクシーと違って、これといった形がないのです。いや、形があるとしても、人によってまるで違うのです。それに、いつやってくるかもわかりません。待っているのになかなか来ないこともあれば、油断していたために、いつの間にか通り過ぎてしまった、なんていう場合もありえます。

つまり、いつ、どんな形でやってくるかがまったく予測できないため、よく注意していないと見過ごしてしまうことになるのです。

では、具体的にどういったことに注意を払えば、確実にチャンスをつかむことができるかというと、次に示す六つのポイントを肝に銘じるといいと思います。

一．身のまわりに起こる出来事はすべて受け入れる
二．好奇心を強める
三．聞き上手になる
四．自分から仕掛ける
五．カンやひらめきを大切にする
六．人を喜ばせるくせをつける

それでは、順を追って解説していきましょう。

身のまわりに起こる出来事はすべて受け入れる

チャンスをつかむ一番目のコツ。それは、自分のまわりに起こる出来事、まわりの人からいわれること、そういうものをまずはいったん受け入れてしまうくせをつける

ことです。

というのも、世の中には偶然というものはいっさい存在しなくて、毎日、私たちが見て、聞いて、感じ、出会うもののすべてが、何らかの必然であると思うからです。言い換えると、あなたが体験する出来事にはすべて意味がある――こう考えてもらいたいのです。

たとえば、これは知人から聞いた話です。ある本が欲しくて欲しくてたまらなかったそうなのですが、その本は絶版になってしまったため、どこの書店にも置いていません。「もう、あきらめるしかないな」と思った矢先、知人は所用で新宿から代々木まで行くことになりました。

ここでハプニングが発生。電車が人身事故の影響で止まってしまったのです。ただ、新宿と代々木はとても近いので、歩いて行けない距離ではありません。そこで知人は代々木まで歩くことにしたのですが、これが結果的に吉と出ました。なぜなら、代々木に向かう途中で小さな古本屋を見つけ、そこでのどから手が出るほど欲しかったその本を発見することができたからです。

つまり、知人にしてみれば、「電車が事故で止まってしまった」という現象に見舞われたからこそ、欲しかった本を入手することができたわけで、このハプニングにはまさしく意味があったという解釈が成り立つわけです。

いかがです？　こう考えると、毎日体験する出来事を探究していくのがおもしろくなっていくのではないでしょうか。実際、私など、これをもうくせにしているところがあります。たとえば、朝、起きて、テレビをつけたらあるニュースが流れていた。そのとき、「このニュースには何か意味があるのかもしれない」「このニュースは自分に何かを教えようとしているのかもしれない」と思うようにする。すると、それが何かのヒントになった……なんていう体験は山ほどあります。まさに毎日「謎解きゲーム」をしているわけです。

かといって、チャンスを意識しすぎたり、早急に結果を求めようとしてはいけません。あなたの体験することは、それ自体、直接的には何の影響も及ぼさないかもしれないし、それが「チャンスだ」とはっきりわかるまでには少し時間がかかることだってあるからです。いや、むしろ、「ふり返ってみれば、あれがチャンスだった」というパターンのほうが一般には多いようです。

私の古くからの友人に渡辺正人という人がいます。彼は私のよき仕事仲間でもあるのですが、私と彼との出会いなどはまさにその典型といえるでしょう。

私たちが出会ったのは今から二四年ほど前のこと。当時の私は作曲家としての勉強をかねて、池袋にある西武百貨店の一〇階のレコード専門店でアルバイトをしていました。休憩時間になると、みんな、上の階にあるちょっとしゃれたカフェにコーヒーを飲みに行くので、私もつられて入ってみたのです。そこで出てきたのは、当時、日本でも登場したてのエスプレッソコーヒーでした。しかし、私は苦いコーヒーが苦手で、思わず顔をゆがめてしまいました。そんな私の表情を察してくれたのでしょう。すぐさま、かわりにアメリカンコーヒーを持ってきてくれたウェイターがいました。それが彼だったのです。

彼がいうには、そのときの私は「〝小学校二年生ぐらいの子供が困っているような〟表情をしていたので、かわいそうになってアメリカンをサービスしてあげた」とのことですが、それはともかく、これが縁で私は彼と親しくなったのです。

その彼は、当時、不遇な生活を送っていたようでした。なんでも、私立の付属高校からエスカレーター式で大学まで行く予定でいたのに、難関の法学部を希望したため、運悪く試験に落ちてしまい、浪人生活を送るハメになったらしいのです。しかも、悪いときには悪いことが重なるもので、このころ、父親の経営していた会社が倒産し、経済的にも苦しい状態になってしまったとのこと。そのため、ノホホンと浪人生活を送るわけにもいかなくなり、カフェのアルバイトを始めたといういきさつがあったのです。

その彼が、最近になって私にこう語ってくれました。

「今にして思えば、あの不遇の時期が、僕の人生にとって最大にして最高のチャンスの時期でもあった。だって、カフェでアルバイトをしたおかげで薫と知り合えたのだから……」

なるほど、いわれてみれば、たしかにそのとおりかもしれません。もし、彼がエスカレーター式に大学へ進学していたら、私とめぐりあうことはまずなかったといっていいでしょう。ということは、私のよき仕事仲間になることもなかっただろうし、まったく別の人生を歩んでいたことになります。

そう考えると、彼にとっての不遇な時期――浪人時代というのは、まさしく意味があったといえるのではないでしょうか。彼がその後、ビジネスで成功するためには私との出会いが欠かせない。その私と引き合わせようと、天が人生の軌道修正を図ってくれた。そう解釈していいのではないでしょうか。

同じことはあなたにもいえます。人生、何が起こるかわかりません。いつ、どこで、どんなチャンスにめぐりあうかわかりません。今、あなたが体験していることが将来ものすごいチャンスにつながる可能性だってあります。ですから、よいことも悪いこともすべて受け入れ、「こうなるには何かしらの意味があるに違いない」と解釈してみてはいかがでしょう。そうすれば、すべてがよい方向へと動き出します。

好奇心は生きるエネルギー

チャンスをつかむ二番目のコツ。それは物事に対する好奇心を強めておくことです。

というのも、「これは何だろう?」と思うような、はじめて見るもの、はじめて聞くもの、はじめて食べるもの、あるいは、はじめて体験するものの中には、あなたの人生を豊かにしてくれる「種」のようなものが潜んでいる可能性があるからです。

それは耳よりな情報かもしれませんし、あなたのよき理解者となってくれる人と出会うきっかけかもしれませんし、夢の実現のヒントを得るきっかけかもしれません。

それが何であるか、そのときはわからないかもしれないけれど、結果的に「ああ、あれがチャンスだったんだ」と思えるときが必ずやってくるのです。

このことをあらわすいい例がひとつあるのでお話ししましょう。

地方に住むTさんというサラリーマンは、あるとき得意先の人と談笑している最中、「フィトンチッド」という聞き慣れない言葉を耳にしました。Tさんがその意味をたずねると、フィトンチッドとは木の香りのことで、その香りには人間の精神を安定させる働きがあることを知りました。フィトンチッドに興味をもったTさんは、グッズを集めたり、人からもっと詳しい話を聞いたり、本で調べたりするようになりました。

そうこうするうちに、彼は「ログハウスを建てたい」という夢をもつようになりました。というのも、フィトンチッドのことを調べていくうちに、木という天然素材のよさをあらためて見直すことができ、百パーセント木でできた家に住んだら、どんなに気分がいいだろうと思えてきたからです。

おりしも、Tさんはマイホームの頭金を貯めていて、家についてもいろいろ考えあぐねている最中でした。そんな偶然が重なって「どうせ建てるなら、ログハウスにしよう」ということになったわけです。

その後しばらくして、Tさんは本当にログハウスを建てることができました。それから一〇年たった今、Tさんは「新築のときもよかったけれど、使っていくうちにどんどん味が出てくるので飽きがこない。この家を建てて本当によかった」と、ログハウスを建てたことに心から満足しているといいます。

いかがです？　Tさんの「フィトンチッドって何ですか？」というひと言が、めぐりめぐってログハウスの建設につながっていった。こう考えると、彼の好奇心がチャンスを招きよせたといってもいいのではないでしょうか。

ですから、あなたも何かわからないものと出会ったときは、自分のほうから積極的に見つめるくせをつけるといいと思います。いや、わからないときこそ、よけいに「これ何？」と目を向けるべきです。

ただ、疲れていたり、マンネリの生活を送っていると、好奇心がどうしても薄れてしまいます。そういうときは行動パターンや生活習慣をちょっと変えたり、非日常的な体験をしてみましょう。すると、「これは何という花だろう？　あまり見かけないなあ」「あっ、こんなところに喫茶店があった。ベトナムコーヒー？　どんな味がするんだろう？」といった感じに、ふとしたことで好奇心が作動してくれるはずです。

聞き上手は自分のためになる

「フィトンチッドって何ですか？」というひと言――質問がログハウスの建設につながっていった。その観点から考えると、好奇心を強めると同時に、わからないこと、知らないこと、疑問に思ったことがあったら、すぐにたずねることも、チャンスをつかむためのきっかけになるのではないでしょうか。

理由は二つ考えられます。ひとつは、前項で述べたことと関連しますが、「それ、何?」と質問することで、あなたの人生を豊かにしてくれる「種」のようなものとめぐりあえる点があげられます。

たとえば、Aさんが「ブロードバンド」という言葉を知らなかったとします。でも、Bさんとおしゃべりしていたら、ブロードバンドという言葉が飛び出してきました。そこで、Aさんが「それ、何?」とたずねると、Bさんがその意味とメリットを教えてくれました。すると、Aさんはこんなことを考えるはずです。

「自分もインターネットをやるとき、ブロードバンドに切り替えてみようかなあ。そうすれば、ふつうの電話回線よりも通信速度がずっと速くなるから、映像や音楽が短時間でダウンロードできるぞ」

つまり、ブロードバンドという言葉の意味(メリット)を知ったおかげで、Aさんはますますインターネットが楽しめるようになるわけです。でも、Bさんにその意味をたずねなかったら、Aさんはいまだにアナログ回線で「ダウンロードにこんなに時間がかかるなんてイライラするなあ」と、ぶつぶつ文句をいっていたかもしれません。

もうひとつは、「それ、何?」と質問すると、会話が弾み、弾みが弾みを呼んで意外なチャンス(ラッキーな現象)が舞い込んでくる点があげられます。

たとえば女性が二人で次のような会話をしたとします。

「今度、ベルギーに行くの。向こうに行ったら、本場のおいしいチョコレートをたくさん食べよう」

「チョコレート? ベルギーのっておいしいの?」

「もちろんよ。ゴディバとかノイハウスとか、有名な専門店がたくさんあるのよ。おいしいんだから」

「えっ、ホント? 私、ゴディバのチョコレート大好きなの。でもノイハウスは知らなかったわ。いいなあ。そんなの食べられて」

「じゃあ、あなたにお土産で買ってきてあげるわ。それから、ほかにもいくつかおいしいところを知ってるから、教えてあげる」

こうして、もし、そのお土産のチョコレートを食べて至福の気分に満たされたとしたら、やはり「それ、何?」という質問が、きっかけをつくってくれたといえるのではないでしょうか。とどのつまり、こうしたことの積み重ねが大きなチャンスをつかむことにつながっていくと思うのです。

ですから、あなたも、知らないことやわからないことがあったら、その場ですぐに質問してみるくせをつけるといいと思います。

自慢ではありませんが、私なんかこの「聞きまくり」の達人です。知らないことやわからないことを耳にすると、「ちょっと待って！　それって何？」「それ、どういう意味？」と、必ず人に聞きまくり、教えてもらうようにしています。

もちろん、「こんなこと聞いたら笑われるかもしれない」とか「こんなこと、恥ずかしくて人に聞けない」なんて思ったこともありません。「ちょっとすみません。私は勉強不足だから知らなくて……」と、ちょっという程度で、その先は知らないことを知ることしか頭にないのです。

ところが、みなさん、これがどうも苦手なようで、見栄とかプライドとかがじゃましているようなのです。ひどい人になると「知ったかぶり」をする。これはもう最悪のパターンといっていいでしょう。

「インターネットをやるなら、これからはブロードバンド時代だね」「そうだね」「ベルギーのチョコレートって本当においしいわね」「そうね」

これでおしまい。結局、そういう人はブロードバンドでインターネットを楽しむこともなければ、ベルギーのチョコレートのおいしさを味わうこともありません。みすみすチャンスを逃してしまうわけです。こんな調子では成功や飛躍・発展につながるチャンスだってものにできるわけがありません。

だから、知らないものを素直に「知りたい」と考え、人に「教えてください」といえることは、ものすごく大事なことです。これは恥ずかしいことでも何でもありません。むしろ、相手だって「この人は飾らず、正直に何でも聞く人だなあ」と、あなたの人間性を評価し、好感をもってくれるというものです。

その意味で、人にものをたずねて教えてもらうのが上手な人こそ、本当の「聞き上手」といえるのではないでしょうか。

そういえば、私も先日こんなことがありました。長野県知事の田中康夫さんが私の家へ遊びに来てくれたのですが、そのときお土産にクッキーを持ってきてくれたので

す。そして、

「これ、おいしいんですよ。開新堂のクッキーです。ほら、あの……」

というではありませんか。「あの」が「どの」なのかさっぱりわからなかった私は、

「えっ、何ですか？　何かいわくつきなんですか？」

とたずねました。すると田中さんは、クッキーのことやお店についてのいろいろな話をしてくれたのです。このときも私が「ああ、あの開新堂」と知ったかぶりをしていたら、田中さんからあれこれ聞けなかっただろうし、クッキーも「ふつうにおいしいクッキー」だったかもしれないのです。

ちなみに、誰もが知っている経営の神様・松下幸之助さんは、人から「事業を発展させる一番の秘訣は何ですか？」とたずねられると、よくこう答えたといいます。

「わからないことがあったら、人にものをたずねることです」

仕事のヒントや打開策というものは、意外なところから生まれるものです。だから人のいうことに素直に耳を傾け、他人の意見で使えるものはいただき、それを事業に生かそうと考えたのかもしれません。

まず自分から仕掛ける

私はときどき、こんな相談を受けることがあります。

「どうすれば、夢をかなえるチャンスをつかまえることができますか?」

そういうとき、私は次のようにアドバイスすることがあります。

「それなら、待っていてはダメ！　自分から仕掛けていきなさい」

こういうと、みなさん、キョトンとした顔をするのですが、けっしてむずかしいことをいっているわけではありません。

海外旅行に行きたいなら、まずパスポートを取得する。パーティに出席したいなら、まずドレスを新調する。こういった願望達成に必要な行動をあらかじめ先取りしてしまいなさいといっているのです。

どうして、それがいいのかというと、二つの理由が考えられます。ひとつは、願望に対する思い——モチベーションが高まっていくからです。

たとえば海外旅行。もし、あなたが先にパスポートを取得してしまえば、「せっかく、取ったんだからもったいない。どこかに行かなくては」という気持ちが強くなると思うのです。するとどうなるでしょう。今度は情報に敏感になります。外を歩いていると、旅行代理店のチラシについつい目がいってしまったり、新聞の広告欄にも注意を払うようになります。インターネットで検索する回数もおのずと増えます。すると、「あっ、こんなに安くてお得なツアーがあった」ということで、日程と予算に見合った旅行がかなうわけです。

私もポルシェを買おうと思った日から、ポルシェばかりに目がいったものです。たしか、自宅付近の街道で毎日一〇台ぐらい見かけた記憶があります。ポルシェを買おうと思う前なんか、一台も目がいかなかったのに、です。やはり、モチベーションが高まったのかもしれませんね。

もうひとつは、人を通してチャンスがもたらされやすくなる点があげられます。たとえば、あなたがパーティに行きたくてドレスを新調したとしましょう。そして、そのことを誰かに話したとします。すると、相手も気にとめてくれ、「ああ、それなら、来月、どこどこでパーティがあるんだけど、よかったら一緒に行かない？」と、誘われる可能性だってあるというわけです。

これは人から聞いた話ですが、一代で業界屈指の公園施設メーカーをおこしたSさんという人にいたっては、会社を始める前から名刺をつくり、それをあちこちの人に配り歩いたといいます。

「このたび、私はこういう会社をつくりました。よろしくお願いします」

「信用も実績もまだありませんが、ぜひとも、当社に発注をお願いします」

これをくり返していくうちに、とうとうこういいだしてくる人が現れました。

「それなら、一度、見積もりを出してくれないか」

「どこどこの公園に大型遊具を設置したいので、一度、打ち合わせに来てもらえないだろうか」

このあと、Sさんは急いで脱サラし、会社をつくったというのですから驚きです。

Sさんの例は極端かもしれませんが、チャンスをつかむためには、ただただじっと待っているのではなく、このように自分から仕掛けていくことが重要になってくるのです。そうすれば、意外なときに意外なところで、道が拓けるようになるのです。

さて、あなたなら、まず何から仕掛けていきますか？

カンやひらめきはいつでも何かを語っている

これまでの人生をふり返ってみてください。あなたはこんな思いにとらわれたことはありませんか。

「高校時代のクラスメートに急に会いたくなった」
「故郷にいる親の声が急に聞きたくなった」
「今まであまり興味がなかったのに、突然ロックのコンサートに行きたくなった」
「今日に限って、どういうわけか、お寿司が食べたい」
「なぜかわからないけど、急に映画が観たくなった」

いかがです？　思いあたるフシはありませんか？　もし、そうだとしたら、これから先、そういう感覚をもっと大事にするといいと思います。

というのも、その感覚はあなたの理性の外で活動している潜在意識からのメッセージかもしれないからです。あなたにチャンスを提供し、希望をかなえてあげようと、潜在意識が手をさしのべてくれ、それをカンやひらめきで伝えようとしている可能性があるのです。

私の人生など、このカンやひらめきのオンパレードみたいなものです。人と会っておしゃべりしているときはもちろんのこと、食事をしているとき、テレビを見ているとき、好きな音楽を聴いているとき、お風呂でのんびりとくつろいでいるときなどに、よくこんな感覚が頭をよぎるのです。

「久しぶりにあの人にメールでも出してみようかな」

「急にヨーロッパへ旅行に行きたくなった」

「どうしてもあの映画が観たくなった」

「いつもは日本酒党なのに、今日に限ってやたらにシャンパンが飲みたい」

「そうだ、あの人と食事をしよう」

そして、そういう欲求にしたがって行動すると、いつも必ずといっていいほど、何かしらの収穫を得ています。人生に役立つことが多いのです。耳よりの情報が聞き出せたり、欲しかったものがゲットできたり、ずっと会いたいと思っていた人と出会えたり、ちょっとした願いがかなったりなどまちまちですが、とにかく「ラッキー」としかいえない現象に遭遇するのです。

実際、ビジネスで成功をおさめた人を見ると、みなさん、カンやひらめきといったものをものすごく大切にしています。業種が何であれ、「このビジネスはすごい！」「これからは、このビジネスが主流になる」と、自分だけに与えられたチャンスとして受けとめています。「いいな」と思えることに対して自分をいくらでも変えていける能力があるからです。

私もそうでした。何度も述べてきたように、今の仕事をやる前の私の職業は作曲家でした。そんなとき、ふつうなら、自分のライフスタイルをまるっきり変えてしまおうなどとはまず思いません。せっかくの才能を捨ててしまうわけですから……。でも、私は違いました。新しい仕事の話を聞いたとき「これはいい」と直感的に思ったのです。「いいな」と思うことに対して自分をいくらでも変えていくことができたのです。しかも、ゼロになることに対して少しの不安もなかった。ゼロになっても人生は終わらない。どういう経過をたどろうが、いつか必ず自分がめざしている最終目的地にたどり着くことができる。そう信じていたのです。

ですから、仕事でも趣味でも遊びでも何でもかまいません。あなたも「いいな」「これをやったらすごいだろうな」と直感的に思ったことは、ためらわずにチャレンジしてみてください。その際、ワクワクドキドキしたり、「どうしても、そうしたい」という強い欲求があるようなら、それはまさしく「意味がある」と考え、絶対に実行に移すべきです。

なお、カンやひらめきにしたがって行動し、うまくいかなかったからといって、がっかりしたり落ち込んだりする必要はありません。先ほどもいいましたが、それが「チャンスだ」とはっきりわかるまでには少し時間がかかることだってあるのです。つまり、どういう結果になったとしても、それは自分がめざしているところへたどり着く途中経過にすぎないということを、たえず頭に入れておいてもらいたいのです。

人が喜べば嬉しいという自分になる

ここで、あなたにある質問をしたいと思います。

あなたがパソコンの操作に行きづまったとします。このとき、誰かが「ここはこうするんだよ」といって、ていねいに教えてくれたら、あなたはどんな気持ちになるでしょう？「この人はとってもいい人だ。どこかでお礼をしよう」と思ったりはしませんか。もし、その人が何かで困っていたり、悩んでいたとしたら、今度はあなたが相談に乗ってあげようという気になるのではないでしょうか。

あるいは、自分の誕生日に、以前から欲しかったものをプレゼントされたら、あなたはどんな気持ちになるでしょう？　嬉しさがこみあげてくると同時に、相手の誕生日にも、その人が喜んでくれそうなものを贈ろうと考えるのではないでしょうか。

つまり、何がいいたいかというと、チャンスを招きよせるためのひとつの方法として、まず自分から人を助けたり、尽くしたり、喜ばせることに意識を向けるということです。

人は親切にされるとおのずと相手に感謝しますし、好感をいだくようになります。すると、「この恩はいつかどこかで返そう」「この人に協力しよう」と考えるのが人間の心理というものなのです。

ただ、こういうと、何かすごいことをしなければいけないと考える人がいますが、けっしてそんなことはありません。「相手は、今、何を求めているか?」「どういうことをしてあげたら、喜ぶだろうか?」「どうしたら、助けてあげられるだろうか?」といったことを考えながら接していけばいいのです。簡単にいうと、自分にしてほしいことを相手にもしてあげ、自分がされてイヤなことは相手にもしないように心がければいいのです。

そうすれば次のようなことがどんどん思い浮かぶはずです。

「Aさんはとんこつラーメンに目がないと聞いた。おいしいとんこつラーメンのお店がオープンしたから、教えてあげよう」

「Bさんはゴルフで腰をひねって以来、腰痛がなかなか治らないみたいだ。評判の鍼《しん》灸《きゅう》の先生を紹介してあげよう」

「Cさんは日本酒が大好きだから、来週、新潟へ出張に行ったら、向こうの地酒を買ってきてあげよう」

また、ちょっとした気配りを見せることも、相手を喜ばせることにつながります。

かといって、これもそんなにむずかしく考える必要はありません。「この人のために、私はどんなお役に立てるだろうか？」ということを、たえず考えながら接していけばいいのです。

そうすれば、これまた次のようなことがどんどん思い浮かぶはずです。

「Aさんはコピーをとるのにてんてこ舞いしている。手伝ってあげよう」

「Bさんは忙しそうだから、お昼のお弁当は私が買ってきてあげよう」

「Cさんは外回りから帰ってきたばかりだ。のどが渇いていると思うから、冷たい飲み物をいれてあげよう」

要は、おおげさに考えないで、小さな思いやりと親切を積み上げていくことです。それも自然体で、です。そう、「無意識のうちにそうしていた」「気がついたら、そうしていた」ということの自然体の感覚がものすごく大切なのです。それがないと、どこかぎごちなかったり、わざとらしくなるため、かえって相手も変に思って警戒するので注意してください。

そして、「こうしてあげたら、あの人は喜ぶだろうな」と思っているだけでは意味がありません。思うだけなら、誰にだってできます。思ったことを形にする。つまり、行動がともなってこそ、はじめて「他人を喜ばせる心」というものが機能するようになるのです。

私も思ったことをすぐ形にするようにしています。「あの人にこれをあげたら喜ぶだろうな」と思ったら、すぐその人にあげてしまう。「あの人にこういう料理をごちそうしてあげたら喜ぶだろうな」と思ったら、すぐその人を食事に誘う。こんなことは日常茶飯事です。

先日も、友人がわが家に遊びに来たとき、レストランで頼んだら一本一〇万円以上もするような高級ワインの「オーパス・ワン」を、ポンとあけてしまったことがありました。「それってコレクション物でしょう。いいの!?」と友人は驚いていましたが、こっちは全然平気です。だって、ワインセラーにしまっておくよりも、このワインをみんなで飲んで楽しい気分になったほうがいいという気持ちのほうが強いのですから。

つまり、このときも思ったことをすぐさま形としてあらわしたわけです。

もちろん、高価だからいいとか悪いとか、そんなことはいっさい関係ありません。

大切なのは「人を喜ばせたい」と思ったら、それを自分のできる範囲で必ず形にするということ。そして、それをくせ――習慣にしてしまうこと。そうすれば、めぐりめぐって、いつかあなたにも喜ばしい現象が何倍にもなってはね返ってくるようになるのです。

なお、この「人を喜ばせるくせをつける」というのは、次章にも関連することなので、続きはそちらでお話ししたいと思います。

チャンスを早く求めすぎてはいけない

詳しくは第四章でお話ししますが、毎年恒例の私の誕生パーティに、米米CLUBのリーダーだった石井竜也さんがゲストで来てくれたことがありました。

その石井さんは、もともとはアートの世界で生きることを希望していたといいます。ところが、学生時代に結成した米米CLUBがプロデビューすることになり、バンドの活動を優先させなくてはならなくなったため、アートどころではなくなってしまったのです。でも、バンドが売れてそのおかげで彼の名前が全国的に知れわたり、今では音楽活動以外に、舞台美術やコスチュームデザイン、CDジャケットのデザインといったビジュアル面や、アート展の開催、空間プロデュースなどの活動も行うようになりました。まわり道したためにちょっと時間がかかりましたが、念願のアート関係の仕事ができるようになったというわけです。

なぜこんな話をしたかというと、これまでたびたび述べてきたように、チャンスがめぐってくるまでには、ある程度、時間を要する場合もあるということをいいたいからです。

ところが、みなさん、この「待つ」というのがどうも苦手なようです。

「こんなに頑張っているんだけど、いっこうにチャンスがめぐってこない」

「結局、チャンスは来る人には来るけど、来ない人には来ないいんだ」

こんなことを考えては、ため息ばかりついているようなのです。

でも、何度もいうように、チャンスは必ずめぐってきます。問題があるとしたら、それは早急に成果を出そうとするあなたの心にあるのです。そう、今、成果といいましたが、そもそも成果には、すぐに結果が出るものと、しばらくしてから結果が出るものと、二種類あるのです。そのことをあなたが忘れてしまっているだけなのです。

これを薬に置き換えて考えてみるとわかりやすいと思います。たとえば、頭が痛い。そういうときは頭痛薬をのめば、二〇～三〇分で頭痛がおさまるはずです。でも、高血圧症になってしまったらそう簡単にはいきません。血圧を下げる薬を毎日のみ続ける一方で、塩分やカロリー控えめの食事をとったり、適度な運動をしなくてはなりません。つまり、効果が出るまである程度の日数と努力を要するわけです。

人生もまさしくこれと同じことがいえると思うのです。明日の商談を成功させる。来週のテストでいい点数をとる。このようにすぐに成果が出るものもあれば、数か月、数年後にようやく成果が出るものもあるのです。とくに、成功や夢の実現といったものに関しては、「成果」と「成果が出るまでのプロセス」がワンセットになっていると考えていただきたいのです。

また、ある成果を求めていたのに、長い時間がたって、気がついたら、まったく別の形でもっと大きな成果をものにすることができた……なんていうケースだってありえます。

たとえば、知人に「天職の見つけ方」ということをテーマに本を書いた人がいます。ライターという今の職業は、彼がようやく見つけた天職なのですが、それにめぐりあうまで、何十回も職を転々としたといいます。しかし、もしも最初から天職についていたら、そんな本なんか書けなかったと思います。「天職がわからない」といってさんざん苦しんで、もがいて、ようやく天職にたどり着いた。そういう体験があるからこそ、その本が出せたと思うのです。

また、友人と一緒に広告代理店を設立したけれど、あるとき噴水による宣伝効果のおもしろさにひかれ、業務内容を大幅に変更。噴水会社として再スタートしたところ、大成功したなんていう人もいます。

つまり、時と場合によって、チャンスは大きく姿を変えてやってくるのです。あなたが今、考えていることとは別の形でやってくるのです。

だから、必要以上にチャンスを意識しないこと。何かが自分の前に来たら、それを受けとめ、とりあえずやってみること。そうすれば、それがあとで大きなチャンスに変わることだってあるのです。

トラブルやアクシデントは幸運の前ぶれ

「リストラで会社をクビになってしまった」

「勤めていた会社が倒産してしまった」

このように、トラブルやアクシデントに遭遇しようものなら、誰だって、ショックを受けたりがっかりしたり、そこから逃げ出そうと考えます。

でも、ここで認識してもらいたいのは、そういったネガティブなことが後々まで尾をひき、その人の人生がネガティブのまま終わってしまうとは限らないということです。いや、「災い転じて福となす」ではありませんが、ネガティブなことが起こったおかげで、かえってチャンスが見えてくる場合のほうが多いと思うのです。

これは知人から聞いた話なのですが、ある大手商社にNさんというエリートサラリーマンがいました。ところが、あるとき、ハプニングに見舞われてしまいました。仕事でポカをやらかし、大口の取引が破談。そのせいで沖縄にある子会社に左遷になってしまったのです。

「本社のエリートコースからはずされてしまった。もう自分には夢も希望もない」

こう嘆くNさんでしたが、人生とは本当にどこでどうなるかわからないものです。沖縄の暖かい気候が彼の体質に合ったのでしょう。しばらくすると、持病のアレルギーが完治してしまいました。また、都会ではけっして味わえない豊かな自然に囲まれ、精神的にも余裕が出てきたようで、以前のようにイライラカリカリすることもなくなりました。

そして、きわめつきは、コバルトブルーの海でスキューバダイビングを体験したことでした。現地の人の勧めでチャレンジしたところ、そのおもしろさにすっかり魅せられてしまったのです。

「海の中がこんなにキレイだったとは知らなかった。ダイビングがこんなに楽しいスポーツだなんて思わなかった」

以来、Nさんは週末になると、地元の人たちと一緒にダイビングに出かけるようになり、その三年後にはとうとうインストラクターの資格まで取得。ついには会社を辞めて、ダイビングショップまでオープンしてしまうのです。

左遷というアクシデントが、生きがいに満ちた第二のライフスタイルの確立につながっていったのです。こう考えると、一見、ネガティブに見える出来事が、ラッキーチャンスを招きよせるための呼び水のような役目を果たしてくれたといっていいのではないでしょうか。

ですから、自分の身にふりかかってくるトラブルやアクシデントをいたずらに恐れることはありません。そういうときこそ、「これには何か意味がある」と考え、それを受け入れてしまうべきだと思うのです。むしろ、「この現象はチャンスの前ぶれかもしれない」と希望をもっていいと思うのです。

それに、トラブルやアクシデントといっても、その人のレベルにふさわしいものしかやってきません。ということは、いつか必ず乗り越えられるものなのです。絶対に解決できるようになっているのです。そのたびに、あなたという人間が成長していく。そこにある意味、人として生きる価値があるのです。

それと、もうひとつ大事な点をいっておくと、ネガティブな現象に見舞われたときは、必要以上にその波に逆らわないようにしましょう。もがけばもがくほど気持ちがあせり、事態はますますよからぬ方向に傾いてしまいます。そういうときは、事態のなりゆきに身を任せてしまうのです。もちろん、最低限、やるべきことはキチンとやる。でも、悩んだりあせったりしない。腹を立てたり、イライラしない。クヨクヨしない。その姿勢を貫いてみてください。

私はトランプのセブンブリッジが大好きでよくやるのですが、ごくたまに「今日はまったくダメ」というときがあります。何回やってもいいカードがこない。全然そろわない。だから勝てない。これが続くわけです。でもそのとき、私は「今日は災難に徹底的にあいましょう。災難よ、どんどんやってこい」と開き直るようにしています。

すると、あまり頭にこないし、そのあと意外といいカードが配られ、一発逆転のチャンスがめぐってきたりするのです。

そのことを実にうまくいいあらわした言葉を、最近、私も知りました。

良寛和尚《おしよう》の次の言葉です。

「災難に逢《あ》う時節にはよく災難に逢うがよく候《そうろう》。これ災難を逃れる唯一の妙法にて候」

トラブルを解決する早道は、トラブルにあったら徹底的に困ってみること——これって、名言だと思いませんか？

優先順位を間違えると、チャンスは遠ざかってしまう

私はからきし歴史オンチなのですが、最近、豊臣秀吉にまつわる、ためになるエピソードを知人から聞いたので、あなたにも紹介したいと思います。

本能寺の変で主君の織田信長が明智光秀に討たれた直後のこと。敵と戦っていた秀

吉は信長の仇《あだ》を討とうと、今の岡山県から京都のほうまで猛烈な勢いで引き返しました。誰よりも先に駆けつけ主君の仇討ちをとげれば、今度は自分が信長の後継者として天下に名乗りをあげることができるからです。まさに千載一遇《せんざいいちぐう》のチャンスです。

途中、秀吉は兵庫県にある自分の居城に立ち寄り、そこで家来たちにすべての有り金をばらまきました。お金を分け与えれば、家来の士気（やる気）が高まるだろうと考えたのです。これを見た家臣の一人が、「そんなことをしたら、殿は一文無しになってしまいます」といさめると、秀吉はこう返答したといいます。

「おまえはアホか。弔《とむら》い合戦に負けたら、われらは死ぬだけだ。お金を持っていても何の意味もない。だが、弔い合戦に勝てば、天下が転がり込んでくる。お金だって山のように入ってこよう。おまえはそんなこともわからんのか」

さて、なぜこんな話をしたかというと、チャンスを確実にものにするため、あなたにも物事の優先順位をキチンと把握するくせをつけてもらいたいからです。ところが、世の中を見渡すと、これをないがしろにしてせっかくのチャンスを見逃してしまう人がものすごく多いような気がしてなりません。

たとえば、以前、あるテレビ番組を見ていたら、「素敵な男性とめぐりあって結婚したい」といいながら、友達からお見合いパーティに誘われても、「着ていくような洋服がないから」といってことわった女性が出ていました。このとき、私は「借りてでも行けばいいのに！」と思わず叫んでしまいました。

だってそうでしょう。考えてもみてください。その女性にとって、パーティにふさわしい服を着ていくことは本当はさして重要ではないはずです（というより、なかったら買うなり借りるなりすればいいと思うのですが）。一番重要なことは、結婚相手を見つけることだと思うのです。実際、パーティに行けば、赤い糸で結ばれた人と運命的な出会いが果たせたかもしれません。それなのに、「着ていく服がない」などとどうでもいいことで頭を悩ませ、せっかくの機会を逃してしまうなんて、こんなにおろかなことはありません。

こうした過ちを犯さないためにも、物事の正しい優先順位をつけるべきです。具体的にいうと、これは今すぐやらなくてはならないことか、これは明日にまわしてもいいことかということを、常日頃から整理しておいてもらいたいのです。また、何が一番肝心で、二の次、三の次でいいものは何かといったこともたえず頭に入れて行動するといいと思います。

たとえば、「何がなんでも自分のお店をもちたい」と考えている人は、資金を調達したり、よい物件を探すことに専念するべきであって、「海外旅行に行きたい」「スポーツカーが欲しい」といったことは後まわしでいいのです。そんなことはお店をオープンして売り上げが出たら考えればいいのです。

英語がしゃべれるようになりたいと考えている人も同じです。「ドイツ語もマスターしておきたい」「できれば、フランス語もしゃべれるようになりたい」では、エネルギーが散漫になってしまいます。「あれもこれも」では、最悪、何ひとつものにできずに終わってしまうかもしれません。

いずれにしても、目の前にチャンスが近づいてきたら、それをものにすることだけを考える。そのためにやらなくてはならないことだけにエネルギーを集中させる。そのほかのことは後まわしにする。このくせをつけておくことです。そうすれば、何かにつけ、的確な状況判断ができるようになると思います。

チャンスは謙虚な人を好む

ここで、あなたにもう一度、ある質問をしてみたいと思います。

「販売プランと営業成績が評価されて、課長に昇進できた」

「理想の男性（女性）とめぐりあえ、結婚することになった」

もし、同僚や友達といったあなたの身近にいる人が、あなたにこんな知らせをもってきたとしたら、あなたはどういう感情をいだくでしょう？

このとき、「それは本当によかった。自分も彼（彼女）に負けないように頑張ろう」という気持ちになれれば、大いにけっこうですが、「あんな人に先を越されるなんてくやしい」という感情がわき起こるようであれば注意が必要です。

というのも、前者は自分の心をプラスの方向に発奮させてくれますが、後者はジェラシーにほかならないため、自分の心をマイナスに追い込んでしまうからです。

そういう人は相手のアラ探しに躍起になり、欠点をつついては、その人の悪口ばかりいうようになります。「あんな奴、いつか大失敗をやらかして、リストラされちゃえばいいんだ」「夫婦仲が険悪になってズタボロになればいいんだ」といった具合に、ついつい相手の不幸や失敗を望むようになります。

しかし、相手のアラ探しに躍起になったり、相手の失敗や不幸を望んだところで自分が進歩するわけではありません。むしろ、人間のレベルが落ちてしまい、周囲の人に敬遠されるだけです。そうなると人の応援や協力が得られなくなるため、チャンスまで遠のいてしまいます。つまり、百害あって一利もないのです。

他人と自分を比較するということは、時間のムダでしかありません。それは他人に振りまわされることですから、そんなくだらないことにエネルギーを費やすのはすぐにやめて、自分のために用意された時間を有意義に使うべきだと思うのです。

逆に、「この人のこういう点はとてもすばらしいと思う。私も見習おう」と考えている人は確実にチャンスをつかむことができます。そういう人は自分の分というものを心得ていますから、いつも謙虚でいられます。謙虚でいられると、相手を認めることができますし、相手から何かを学ぼうとする姿勢が保てます。すると、相手もその人のことが愛しく思えてきます。「この人のためにひと肌ぬいであげよう」「応援してあげよう」という気持ちをいだくようになります。すなわち、それがチャンスとなってその人のもとに還元されるわけなのです。

ですから、たとえ相手があなたのライバルであっても、つまらないジェラシーはなるべくいだかないようにすること。自分を飾らず、謙虚な態度で、相手からよい点だけを学ぼうとすること。その姿勢があなたに思いがけないチャンスをもたらしてくれるようになるのです。

「もったいない」という意識をいつも忘れない

「課長昇進の辞令が出た」「A社との取引がまとまったので、今月は営業成績をこんなに上げることができた」「税理士の試験に合格した」。このようにせっかくのチャンスをものにしたとき、「もったいない」という意識をもつといいと思います。

どういうことか？　これを「ミカンのつかみどり」にたとえて考えてみるとわかり

やすいと思います。たとえば、一分間という制限時間内に、ミカンを好きなだけつかめるとします。そして、三〇秒たったとき、思った以上にミカンをつかむことができました。このとき、「わーい。こんなにつかめた」といって、ミカンをつかむのをやめてしまう人はまずいないと思います。「エッ？　まだ残り三〇秒もあるの？　もったいない。もっとつかんじゃおう」と考え、再び、ミカンのつかみどりに精を出すのではないでしょうか。

理屈はこれと同じことです。要は、チャンスをつかんで一定の成果が出せたとき、「もう、これでいい」ではなく「自分はもっとできる」「まだまだやれる」と考えるのです。そうすれば、次のようにワンランク上の目標が見えてきます。

「課長どまりではもったいない。次は部長をめざそう」

「来月はB社との取引をまとめ、営業成績をもっと上げよう」

「税理士の資格だけでは物足りない。来年は公認会計士の資格を取ろう」

私が今の仕事で成功をおさめることができたのも、この「もったいない。まだできる」という意識をいつももっていたからだと思うのです。

「ここで満足するのは早すぎる。まだ上がめざせる」「ここまでできたということは、もっと上に行ける証拠だ」「まだまだ折り返し地点に到達したにすぎない」。いつもそう考えるようにしてきました。その意識が自分を成功に導いてくれたと思うのです。

同じことはあなたにもいえます。仕事の内容が何であれ、成果が出せるというのは、能力がある証拠、実力がある証拠なのです。その仕事が向いている証拠なのです。そうだとしたら、ひとつの成果に満足することなく、より大きな成果をめざして、もっともっと頑張ってみてはいかがでしょう。

ゴールをゴールのままにしてしまうと、そこで止まってしまいます。それよりも、ひとつのゴールに到達したら、また新たなゴールを設け、それに向かって突き進んでいく。すると、ドラマや縁がたくさん生まれるし、自分にとっての大切なものも増えていくようになります。

そうすれば、チャンスもますます喜んでくれ、あなたのあとをいつもついてまわるようになるのです。

「人」と出会う

第三章

明日出会う人が、あなたの運命を劇的に変えてくれるかもしれない。

人と出会う数だけチャンスが増える！

私はよく人から「薫さんの人脈はすごいですね。どうすればそんなふうにたくさんの人脈をつくることができますか？」という質問を受けることがあります。

はじめのうちは「私の場合、人と会うのが仕事みたいなものですから、自然にそうなったにすぎません」とあいまいに答えていたのですが、みなさん、そのことについて真剣に考えている様子なのです。いや、人脈のつくり方で悩んでいるといったほうが正解でしょうか。

そこで、私もハタと考えてしまいました。

「人脈って、つくるのがそんなにむずかしいかなあ……」

人脈のつくり方で悩んでいる人は、そもそもその意味を取り違えているような気がしてならないのです。打算的な気持ちで人に接しているとでもいうか、自分に協力してくれたり、チャンスを運んできてくれそうな人といかにして出会い、いかにして親しくなるか……そんなことばかり考えているような気がするのです。あなたの場合はいかがでしょう。思いあたるフシはありませんか？

ところが、私は違います。「出会う人、仲よくなる人、みんなが人脈」、つまり、出会う人の数だけチャンスが増えるというのが持論なのです。もっとわかりやすくいうと、人脈、人脈といちいち騒がなくたって、出会った人との縁を大切にし、良好な人間関係を築いていけば、その人たちの力添えや誘導で人生がよりよい方向に変わっていく――こういう考えでいるのです。どうです？　いたってシンプルでしょう？

実際、

「Aさんの紹介でBさんと知り合い、Bさんの紹介でCさんと知り合うことができ、そのCさんが私に願ってもないチャンスを提供してくれた」

「DさんがEさんを紹介してくれ、そのEさんがFさんに口をきいてくれたおかげで、必要としている情報（もの）を入手することができた」

という体験を私は山ほどしています。人のネットワークって本当にすごいというか恐ろしいものです。

実は最近もそれを痛感するハッピーな現象に遭遇することができました。

以前、私が作曲し、ヤマハ主催の「世界歌謡祭」でグランプリを受賞した『Good-by morning』という曲を、ベルリン・フィル・ピアノ・トリオとミラノ・スカラ・フィルの首席メンバーが演奏してくれ、それがこの春、一枚のCDに収められたのです。

このCDの中身は大半がバッハやショパンやシューベルトといった人たちが手がけたクラシックの名曲ばかりで、それ以外の曲はビートルズの『イエスタデイ』と私の『Good-by morning』しか入っていません。音楽の世界からはとうに身を引いた私なのに、どうしてこんな珍現象が起きたのでしょう。

今にして思うと、事の発端はわが家がそもそものきっかけとなったような気がします。今、私が住んでいる家は、有名な建築家のエドワード鈴木さんが内装デザインをしてくれたので、住み心地がいいのはもちろんのこと、インテリアも何もかも、すみからすみまで本当にカッコよくて素敵です。最近の彼の代表作のひとつでもあるため、多くの人から注目されている建築物なのです。

そしてあるとき、ある出版社から、世界的に有名なチェリストのヨーヨー・マがわが家で演奏している場面の写真を撮らせてほしいという依頼がありました。一流アーティストであるヨーヨー・マの演奏をわが家で聴けるなんて、こんなラッキーなことはありません。ところが残念なことに、この企画はスケジュールの都合でキャンセルとなってしまいました。彼の演奏を心待ちにしていただけに、とても残念だったのはいうまでもありません。

ところが、次の日のことです。エドワード鈴木さんの手がけた建築物をぜひ見学したいという女性がわが家を訪れたので、彼女に前日のキャンセルの件をポロッと話したところ、驚くことにこうおっしゃってくれたのです。

「ベルリン・フィルハーモニーの元コンサートマスターをしていたブラッヒャー・コルヤが、近々、来日することになっているので、彼になら、お宅で演奏するように依頼できますよ」

なんでも彼女はコルヤ氏に高価なヴァイオリンをずっと貸しているため、その程度の頼み事なら聞いてくれるというのです。

彼女のいうとおり、後日、コルヤ氏は、ベルリン・フィル・ピアノ・トリオのフィリップ・モル氏を連れてやってきて、わが家で演奏してくれました。こんなことってあるんですね。

ストーリーはここから佳境に入ります。その演奏会が終わって彼らが帰ろうとしたとき、不思議な偶然が起こりました。この日、せっかくなので私も友人を招いたのですが、その友人と、この日ピアノを弾いてくれたフィリップ・モルという人がたまたま同じマンションに住んでいたのです。実はモルの奥さんは日本人で、日本に滞在するときには、そのマンションをセカンドハウスとして使っているそうなのです。

そのため、友人とモル夫妻は同じタクシーで帰ることになったのですが、このとき、私が作曲した『Good-by morning』のことに話が及んだらしいのです。モルが興味を示したので、友人がCDを聴かせたところ、きれいな曲だと絶賛。ことのほか気に入ったようで、ベルリン・フィルの数人の仲間たちとCDにしたいので、この曲を木管楽器メインのクラシック用にアレンジしたいと申し出てきたのです。私はもちろんOK。願ってもないチャンスに喜び勇んだのはいうまでもありません。

ここで、ちょっと話が変わりますが、去年の夏、ヨーロッパが大洪水に見舞われて、ドイツのドレスデン歌劇場が水浸しになったことがありました。芸術をこよなく愛する私は、その再建のため寄付をしたのですが、先方もとても感謝してくれました。

そこで、私の曲を収めたプライベートCDを発売し、その売り上げ金をドレスデン歌劇場の再建に寄付したほうがさらにいいのではないかという話になったのです。その提案に賛同したモルがミラノ・スカラ・フィルハーモニーにいる友人に呼びかけると、彼らもこころよく承知してくれ、共同でCDを出そうということになりました。

ベルリン・フィルとミラノ・スカラ・フィルが一枚のCDの中に一緒に入る……これがどんなにすごいことかというと、マドンナとマライア・キャリーが一緒にCDをつくるようなものです。さらにすごいことに、ミラノ・スカラ・フィルの人たちも私の曲を演奏して、CDの中に入れようということになったのです。

つまり、そのCDのトップにはベルリン・フィルがヴァイオリン用にアレンジした『Good-by morning』が、ラストにはミラノ・スカラ・フィルが木管楽器用にアレンジした『Good-by morning』が収録されたというわけです。先ほどのたとえでいうなら、CDの一曲目にマドンナがマドンナ流の『Good-by morning』を歌って、最後のシメにマライア・キャリーが、マライア風の『Good-by morning』を歌ってくれたようなものです。

これが、一枚のCDができるまでの大まかないきさつです。一流の演奏家たちが私の曲を競演してくれた喜びもさることながら、さまざまな人間が複雑にからみあって一枚のCDが誕生したことを思うと、不思議な感動を覚えてなりません。

それから、こんなこともありました。先日、日本サッカー協会の川淵三郎会長に、国立競技場での日韓戦へ招待されました。感動の試合で、私は幸せでした。もともとはコシノジュンコさんのおかげで知り合いになったのですが、それもこういう流れの一環です。ジュンコさんを紹介してくれた人もそうですし、ここにいたるまでに紹介してくれたすべての人に感謝です。幸せとは、感謝の中から生まれてくるのです。

でも、私が体験したことはけっして特殊な例ではないと思います。冒頭で述べたように、あなたも人脈という概念――発想をちょっと変えれば、私同様、人に幸運を運んできてもらえるようになると思うのです。

そのためには、チャンスをもってきてくれそうな人とつきあおうという発想は今ここできっぱりと捨て、出会う人の数だけチャンスが生まれるというふうに考えるくせをつけること。そして出会った人とよりよい関係を築くように心がけること。これに尽きます。

ただ、そのためにはそれなりのアプローチの仕方、つまり、人に対する接し方というものが要求されます。そこで、本章では「薫流人脈づくりの秘訣」のポイントを述べていきたいと思います。

人との出会いは自分から動くことで始まる

最近、知人から「ああ、もったいないなあ」と思える話を聞かされました。

事のいきさつは、昨年の秋、私がカリフォルニアでテニスをしたことに始まります。このとき、私は縁あってリーチさんという年配の男性とダブルスを組みました。このリーチさんという方は実は大変な人で、あの世界的に有名な女子プロテニスプレーヤーのリズ・ダベンポート選手のフィアンセのお父さん、つまりダベンポートの将来のお義父さんになる方らしいのです。だからというわけではありませんが、テニスの腕前も半端ではありません。ある大学でずっとテニスのコーチをしていて、その大学を何回も優勝に導いてきた実績があるそうなのです。

実はその場には、ダベンポートと彼女のコーチも来るはずでした。コーチというのは彼女のフィアンセのお兄さん、つまり彼女の将来のお義兄さんです。ところがダベンポートがそのとき参加していたテニスの試合で勝ち進んでいたために、その日は来られなかったのです。ダベンポートとテニスができたかもしれないと思うと残念ですが、リーチさんだけでも十分です。

「こんなすごい人とダブルスが組めたなんて光栄！」

興奮さめやらぬ私が、帰国後、誰かれかまわず、そのことを人に話したのはいうまでもありません。

それから少し月日が流れて今年の二月、東レ・パンパシフィック・テニス・トーナメントの一週間分のチケットを手に入れることができた私は「準決勝と決勝だけ観られればいいか」と思い、そのほかのチケットを知人にあげることにしました。

さて、ここからが核心です。その知人が観戦に行ったら、驚くなかれ、隣の席にダベンポートと彼女のコーチのリーチさんがいたというのです。ところが、彼はあいさつを交わすどころか、ひと言も声をかけなかったというではありませんか。彼は英語がペラペラなのに。リーチさんも中島薫のことを知っているのに……。

この話を聞いた私はなんだかものすごくもったいない気がしました。だって、そうでしょう。もし、知人が「私は中島薫さんの知り合いです。この前、カリフォルニアでお父さんと一緒にダブルスを組んだそうですね」とリーチさんに話しかければ、それをきっかけに会話が弾み、親しくなれた可能性だってあるのですから。

つまり、この話を通して私がいいたいのは、出会いのきっかけというものは、あなたが相手に話しかけることから始まるということです。

ところが、みなさん、意外とこれができない。「知らない人に声をかけるなんて、ちょっと恥ずかしいし、抵抗を感じてしまう」「声をかけて変に思われたらどうしよう」という思いが先にきてしまうらしいのです。誰だってはじめは「知らない人」なのですから、それを「知っている人」にするにはどちらかが動かなければならないでしょう。なかには、まだ会話も交わさないうちから、「嫌われたらどうしよう」「相手にされなかったらどうしよう」と考えてしまう人がいる。でも、これは取り越し苦労というものです。

私は、世の中のすべてのことは、やってみなければわからない、やる前からわかることはないと思っています。ということは、「自分にはできそうにもないなあ」「ちょっとむずかしそうだなあ」と思えることだって、実際にやってみたら、案外、簡単にできる場合だってあるのです。

人間関係も例外ではありません。「変に思われたらどうしよう」「相手にされなかったらどうしよう」と思っても、声をかけたら、相手も心を開いてくれ、会話が弾むことだって十分ありうるのです。

私の場合でいうと、ブーニンに「わが家でピアノを弾いてもらえないか」とお願いしたときがそうでした。もし、私に「初対面の人にこんなことをいったら大変」という気持ちがあったら、百パーセント、私の望みはかなわなかったでしょう。でも、私は「ダメモトでいい。とりあえず、いうだけいってみよう。ひょっとしたら願いを聞き入れてくれるかもしれない」と考えたのです。もし、それでダメだったら「あっ、残念」。これでおしまい。何の後くされもありません。

結果はプロローグでお話ししたとおりです。ですから、あなたも自分勝手にあれこれ考えて迷う暇があったら、ダメモトで相手に話しかけてみるようにしてください。私のようにいきなり初対面の人に何かをお願いするわけではなく、ただ、話しかけるだけ。それぐらいのことだったら、あなたにだってできるはずです。まずは自分から飛び込んでみる。そうしてこそ、はじめて人づきあいのきっかけが生まれるようになるのです。

それでも、まだ迷いがあるなら、「この人とは気が合いそうか?」「仲よくなれそうか?」といったことを直感で判断してみるといいかもしれません。思考や論理よりもカンを大事にするのです。そして「大丈夫! いける」と思ったら、相手が誰であれ、あなたのほうから声をかけてみる。何度もいうようですが、すべてはここから始まっていくのです。

人に対するときは、思考よりも感覚が大切

出会いのきっかけは、あなたが声をかけることから始まる。あなたが声をかければ、相手も心を開いてくれ、会話が弾む可能性だって十分ありうる。私はこういいました。

これは言い換えると、思考よりも感覚を重視して人に接していくことだと思うのです。もう少しわかりやすくいうと、出会った人に対して、言葉や情報よりも自分の感情、すなわち「あなたと親しくなりたい」「あなたとの縁を大事にしていきたい」という思いを伝えることが重要になってくると思うのです。これが相手とコミュニケーションを図るための第一歩になるといってもいいでしょう。

ここでちょっと話題が変わりますが、以前出版した『始めるのをあきらめることなんかない！』（サンマーク出版刊）という本の中で、私はフィリッパ・ジョルダーノのコンサートに行く予定だという話をしました。

ある日の晩、どういうわけか夜中に目を覚まし、ふとテレビをつけたら、ＮＨＫ教

育テレビの『名曲アルバム』からとても素敵な曲が流れており、「明日、このCDを買おう」と考えた。そうしたら、その翌日、事務所で一枚のチラシを目にした。それはコンサートの宣伝用のチラシで、偶然にも、その中に前夜テレビで聴いて、CDを買おうと思った曲がセットリストとして組み込まれていた。そのコンサートの出演者の一人がジョルダーノだったという内容です。そして、締めくくりに「今思うと、私があんな夜中に目が覚めたのは、彼女の存在を知って、その歌を聴くためだったのではないかと思う」ということを記したわけですが、なんとこの話には本当に後日談があるのです。

実は、あのあと、さっそくコンサート会場に足を運び、彼女の歌声をライブで堪能したわけですが、コンサートが終了し、同行した友人たちと帰ろうとしたとき、「フィリッパ・ジョルダーノを囲んでパーティが行われます」という場内アナウンスが流れてきたのです。

それを聞いたとたん、私はどうしてもパーティの様子をそばで見たくなって、やもたてもたまらずその会場の前まで友人たちを引き連れて行きました。すると、私たちのかもし出す雰囲気が、ほかの人たちとちょっと違ったせいなのか、受付の人が私たちを関係者と思い込み、なんと会場の中のテーブル席まで案内してくれたのです。

さらに驚くことが起こったのは、パーティの中盤でした。フィリッパ・ジョルダーノが、どこかの席につこうと迷っていた様子だったので、私はすかさず身振り手振りで「こっちこっち、こっちに来て」と彼女を呼んでしまったのです。

言葉より態度のほうがアピールするものですね。彼女は本当に私たちのテーブルに来てくれたのです。たまたま語学の得意な友人が一緒だったので、彼が通訳になって、ひとしきり楽しいおしゃべりで盛り上がりました。

そのとき、パーティに参加したほかの人たちはといえば、みなさん、お行儀がいいというか、おとなしい人たちばかりで、ただただ私たちの様子を見ているだけなのです。もしかすると、私たちがあまりにフレンドリーな雰囲気だったので、本当にフィリッパ・ジョルダーノの友人なのだと思ったのかもしれません。

前にもいいましたが、私は英語がからきし苦手です。あいさつ程度ならまだしも、ふつうの会話はほとんどできません。それなのに、どうしてこんな珍現象が起きたのでしょう。

これはやはり、私の「どうにかして彼女とコミュニケーションをとりたい」「いろいろお話がしてみたい」という思いがそうさせたのではないかと思うのです。そういう姿勢でいると、こっちが一生懸命だということが相手にも少しは伝わっていきます。彼女もそれを理解してくれたのではないか、そう思うのです。

先ほどのブーニンもそうです。「どうにかして、わが家でピアノを弾いてもらいたい」という私の熱烈な思いがブーニンの心を揺り動かした……。今、冷静になって考えてみると、一番のポイントはそこにあったような気がしてならないのです。

英語ができないのに仲よしの外国人の友人がいるという話では、もう一人紹介しておきたい人がいます。コリーン・カークというアメリカ人の女性です。彼女はエージェントとヘアメイクアップアーティストという二つの顔をもっています。

エージェントとしての彼女は、バリー・ボンズをはじめアメリカのスポーツ界の一流選手を顧客としてたくさんかかえています。そしてヘアメイクアップアーティストとしての彼女は、これまたブリトニー・スピアーズやクリスティーナ・アギレラなど超一流アーティストやスーパーモデル、ハリウッド女優などと仕事をしています。

　私は彼女と知り合い仲よくなったおかげで、こうした一流の人たちに紹介してもらったり、彼らについてのいろいろな話を聞くことができたりという、たくさんのチャンスをもらったのです。もっとも、こうしたすごいラッキーな「おまけ」がなくとも、彼女自身がとにかく素敵な女性なので、彼女と知り合えたことそのものが大きなチャンスだったと思います。

　これらはいずれも極端な例かもしれませんが、日本語の通じる人同士なら、なおさら自分の思いを相手に伝えられるはずです。

「あなたとお友達になりたい」

「あなたとの縁を大切にしたい」

　こうした気持ちをいだいて接していけば、たとえあなたが口下手であっても、一生懸命さだけは確実に相手の心に届くようになります。その瞬間、向こうも心を開いてくれるようになるのです。まずは一生懸命さ、これです。

あいさつが相手との距離を縮めてくれる

人脈づくりのきっかけうんぬんというと、よくこう考える人がいます。

「異業種交流会や勉強会など、人の集まる場所に積極的に顔を出して、大勢の人たちと知り合わなくては……。大勢の人たちと名刺を交換しなくては……。それが人脈づくりの第一歩だ」

もちろん、これはこれで否定する気はないのですが、個人的な意見をいわせてもらうと、何もそうおおげさに考えなくてもいいと思うのです。

先ほども述べたように、「出会う人、仲よくなる人、みんなが人脈」というのが私の持論です。したがって、いつも、顔をあわせている人、たとえば職場にいる掃除のおばちゃん、警備員のおにいさん、いつもランチを食べにいくお店のマスター、仕事帰りにいつも立ち寄るスーパーのレジのおねえさんといった、あなたの身近にいる人たちが、人脈になりうる可能性だって十分考えられるのです。

ただ、この場合も、あなたのほうから率先して歩み寄っていく必要があります。そのための基本は、きちんとあいさつのできる人間になるということです。

私も最近知ったのですが、「挨拶《あいさつ》」の「挨」の文字には「心を開く」という意味が、「拶」の文字には「近づく」という意味があるそうなのです。つまり、あいさつの本来の意味は、「自分から心を開いて人に近づいていく」ことらしいのです。

そうだとしたら、あいさつ本来の意味にのっとって、自分のほうから積極的に声をかけてはいかがでしょう。先制攻撃をしかけて、相手を自分のペースに巻き込んでしまうのです。

ただ、この場合、「おはようございます」「こんにちは」といったお決まりのフレーズだけではいただけません。TPOにもよりけりですが、こんな感じにプラスアルファの言葉を付け加えてみてはどうでしょう。

「おはようございます。Aさん。昨日のゴルフ・コンペはいかがでしたか?」

「Bさん。こんにちは。最近、どう？　血圧の具合は?」

「こんにちは。Cさん。ご無沙汰してます。この前、お会いしたとき、オーストラリアへ旅行に行くっておっしゃっていましたが、向こうはいかがでしたか?」

要は、相手の関心事をふまえ、さりげない質問を投げかけてみるのです。そうすれば、二言、三言の会話で終わることはまずありません。むしろ、それが引き金となって、会話がどんどん弾むはずです。それに、相手の関心事をふまえて質問するというのは、その人の存在を認めるということですから、相手だって「この人は自分のことを気にかけてくれているんだ」という気持ちになります。それがあなたに対する好感度のアップにつながっていくのです。

知人のKさんという人は、この方法で、毎日会社にお弁当を配達にやってくるおじさんにあいさつしたところ、ちょっとした幸運を手にすることができたといいます。そのときの様子を簡単に再現してみましょう。

「こんにちは。おじさん。いつもご苦労さん。昨日は高橋由伸が三安打と大活躍だったね。桑田もいいピッチングをした。巨人ファンのおじさんとしては、さぞかしビールがおいしかったんじゃないの?」

「毎回、ああいう試合をしてくれると、ファンとしても嬉しいんだけどね」

「そういえば、おじさん、今度の日曜日、ドームにナイター観に行くっていってたね。

いいなあ、巨人・阪神戦か……」

「それが、娘のフィアンセが急にあいさつに来ることになって、その日、どうも行けそうにもないんだ」

「エーッ。そいつはもったいないなあ」

「よかったら、Kさん、かわりに行く？　なんならチケット譲ろうか？」

さあ、あなたもあいさつを生活習慣にしてしまいましょう。あいさつの回数が増えれば増えるほど、Kさんのように幸運が舞い込む確率も高まっていくのです。

相手の生き方・価値観を尊重する

あなたは初対面の人と名刺を交わすとき、心の中でいつもどんなことを考えますか？　あるいは、今日から新しい職場（部署）で働くというとき、職場の仲間に対してどういう感情をいだきますか？

「この人と気が合えばいいな」「この人と楽しく仕事ができればいいな」

たいていは、こんなことを考えるのではないでしょうか。もちろん、これはこれでOKですが、その際、ひとつだけ頭に入れてもらいたいことがあります。

それは、相手に好かれたければ、まず自分が先に相手のことを好きになる必要があるということです。相手を好きになれば、その感情があなたの言葉や行動となってあらわれます。すると、それが相手にも伝わり、相手もまたあなたに対して好意をいだくようになるからです。たとえていうなら鏡と同じで、鏡に向かってあなたが微笑めば、鏡に映っているあなたも微笑み返してくれる——そう考えてもらいたいのです。

ただし、「あの人のことを好きになろう」と強く意識したところで、いきなり好きにはなれません。

そこで、ひとつの方法として、相手の生き方を受け入れることから始めてみるのです。こういうとむずかしそうですが、要するに相手の考えていることを肯定してあげればいいのです。自分の意に反していたり、賛成できない部分があったとしてもです。

相手の考えていることを肯定するというのは、相手の人生観や価値観や関心事を認めてあげることですから、そういう姿勢で相手に接していけば、相手もまたあなたに対して同様の態度をとるようになるからです。

わかりやすい例を出すと、Aさんという人がヘヴィ・メタルに夢中になっていたとします。そして、あなたはヘヴィ・メタルにはまったく興味がなかったとしましょう。このとき、「あんなの音楽じゃない。騒音だ」とやみくもに否定するのではなく、次のように考えてもらいたいのです。

「Aさんは、なぜ、ヘヴィ・メタルが好きなのだろう」

「Aさんは、ヘヴィ・メタルのどういうところが気に入っているのだろう」

このように相手の立場から物事を考えていけば、「Aさんの場合、ヘヴィ・メタルを聴くとすっきりするのは、あのスピード感とか躍動感、リズムの小気味よさがいいのかな」といったように、相手の真意がくみとれるようになります。すると、今度は「Aさんはたしかにストレスがたまりそうな仕事をしているものなあ。自分もそうだから、なんとなく気持ちがわかる」といった具合に共感能力みたいなものが芽生えてきます。そうすれば、あなたがヘヴィ・メタルを好きになれなくたって、Aさんがヘヴィ・メタルを聴くことに何の抵抗も感じなくなるはずです。相手の生き方、すなわち考え方を認めてあげるというのは、そういうことをいうのです。

そう、食わず嫌いということだってあるのです。今まで「嫌い」だと思って食べないでいたけれど、人の家に行ってその料理を食べたら「おいしかった」という話はよくあります。理屈はそれと同じことだと思うのです。

もちろん、あなたが独自の生き方を貫き、自分なりの人生観や価値観をもつことはものすごく大切です。でも、それにこだわりすぎて、相手の考え方を否定したり、自分の価値観を押しつけようとしてはいけません。それでは相手も反発したり、あなたに敵対心をいだくようになります。

それと、相手の生き方や価値観を認めてあげるというのは、目線を対等にしてつきあうことでもあると思うのです。どういうことかというと、あなたが当たり前だと思っていることでも、相手によっては「あっ、そうなんだ」「なるほどね」といった具合に、そうでない場合がある。あるいは、あなたが常識だと思っていることが、相手からすれば非常識に思えることだってある。そのへんのことを含んで人に接していってもらいたいのです。

たとえば、パソコンの操作。人にパソコンを教えるときに「なんで、そんな簡単なこともわからないの」という気持ちで相手を見てはいけません。だってそうでしょう。あなたにとってはそれが当たり前のことであっても、相手にとっては初体験のことかもしれないわけですから。マウス、クリック、ダブル・クリック、ファイル、フォルダといった日常用語が、パソコンをはじめてやる人からすれば、どれも聞きなれない言葉ばかりだということも忘れてはなりません。あなたがはじめてパソコンに向かったときだって、おそらくこうした専門用語で頭が混乱したはずです。何から手をつけていいのか、よくわからなかったはずです。マニュアルを見たり、人に教えてもらったりして、ようやくマスターしていったのではないでしょうか。

ですから、人に何かを教えるときは、自分がはじめてそれをしたときのことを思い出してみるといいかもしれません。そうすれば、相手の立場を理解したうえで話せるはず。対等な目線で人に接していくとは、こういうことをいうのです。

私自身、このことだけはいつも気をつけるようにしています。私が自分の仕事のことを熟知しているのは当然なのですが、それをまったく知らない人に対しては、相手のレベルに合わせて話すように心がけているのです。

そのせいか、仕事仲間の綾部夫妻が、次のようにいってくださったという話を聞きました。

「私たちは自分たちのビジネスのことをよく知らない人に対して、ついつい、『なんでそんなこともわからないの』というレベルで話してしまうんです。でも、薫さんにはそれがまったくない。相手のゾーンの中にスーッと降りていって、その人がわかる範囲で簡潔・明快にしゃべる。すべての人のレベルに合わせて話すことができるんです」

また、別の仕事仲間に安積健という男性がいますが、彼もあるときこう語ってくれたらしいのです。

「僕らの仕事には初級者向けと中級者向けのミ!ティングがありますが、たまに両方が混じったミーティングもあるんです。そのとき、僕なんかどこに話のポイントをもっていっていいのか困ることがあるんです。でも、薫さんは困らない。ミーティングに参加したすべての人にわかる話をする。実に多次元的な人です」

誰にでも目線を合わせて接していく——その姿勢が伝わったなら嬉しいことです。

人の長所は見つければ見つけるほど楽しくなる

人から好かれるためのもうひとつの方法として、相手の長所や魅力を探し出して、その部分を尊敬するように努めてみるのもいいかもしれません。

これもそんなにむずかしく考えることはありません。自分にないもので、その人がもっているものに興味・関心を示せばいいのです。

わかりやすいたとえを出すと、相手が南の島でよくマリン・スポーツを楽しんでいるとしたら、「いつも、どういうところでサーフィンを楽しんでいるのですか?」「今まで行った中で、どこの海が一番印象的でしたか?」といったことを矢継ぎ早に質問してみるのです。そうすれば、「サーフィンはオアフ島のノース・ショアでやると決めているんです」「モルディブでイルカに遭遇したんですよ」「タヒチの海はキレイでした」といった具合に会話がどんどん弾んでいきます。その過程で、あなたが「エッ、すごい。イルカと一緒に泳いだんですか」「水上コテージに泊まったんですか?いいなあ。うらやましいなあ」と驚きや感動の言葉を素直に表現すれば、相手は愉快な気分になり、あなたに心をゆるすことうけあいです。

要するに、相手が満足するようにするのです。それが相手の長所を認めることにつながっていきます。

ただ、これは次項で述べることにも関連しますが、見えすいたお世辞やゴマすりは絶対にダメです。相手だって見抜いてしまいます。したがって、本心で相手の長所や魅力を認め、自然体で驚きや感動の言葉を口にするように心がけましょう。本心、自然体、これがポイントです。

そういう意味で、「いいなあ」「すばらしいなあ」と思ったら、見習ったり、教わる姿勢で接してみるのもいいでしょう。

「Aさんは本当にテニスがお上手ですね。どうすれば、そんなふうにすばらしいボレーショットを決めることができますか？」

「実は今度、ベネチアへ旅行に行くのですが、穴場のレストランを教えてもらえませんか？」

さて、もうひとつ大事な点にふれておくと、誰にでも短所はあるけれど、それが案外、長所になったりする場合もあるということを認識しておきましょう。

これは私がよくいうことです。たとえば、職人さんはたいてい無口だし、気むずかしくて頑固なところがあります。でも、だからこそ、ふつうの人には真似のできないすばらしい芸術品がつくり出せると思うのです。これが、もし、ペラペラとおしゃべりばかりしている職人さんだったら、すばらしい芸術品はつくれないだろうし、人間的な魅力も半減してしまうと思うのです。つまり、「気むずかしさ」「頑固さ」と「芸への集中力」が表裏一体になっているというわけです。

ですから、あなたも次のような具合に、相手の短所の中から長所や人間的な魅力をどんどん探り出していくようにしてください。

「あの人は気が強くてわがままなところがあるけど、その分、責任感が人一倍強い。だから、いざというときに頼れる」

「彼って、ちょっとズボラなところがあるけど、見方を変えれば、それだけ心が広い証拠だ。だから、ささいなことで怒ったりもしないし、こっちもあまり神経を使わないですむ」

「彼女は少々神経質なところがあるが、それだけ繊細で几帳面な証拠だ。だから、細かい仕事を安心して任せることができる」

どうでしょう。こう考えていくと、あなたのまわりにいる人がみんな、すばらしい人間に思えてきたのではないでしょうか。

とにかく相手に興味をもつ

人間関係をテーマにした本をめくると、どの本もほめることとの重要性を説いています。この点に関しては私もとくに異論はないのですが、少々、疑問に感じてしまうこともあります。それは、「具体的にほめなさい」とか「オーバーにほめなさい」とか「人前でほめなさい」といった具合に、小手先のテクニック、つまり話術ばかりを説いている点です。

なるほど、人間、誰だっていいことをいわれたら、嬉しくなるものです。「ブタもおだてりゃ木に登る」という言葉がありますが、ブタでさえそうだとしたら、人間なら富士山のてっぺんまで登るくらい、愉快な気分になることでしょう。

しかし、ほめ方をひとつ間違えると、かえって相手の心証を害してしまうことをこの際、キチンと自覚するべきです。というのも、話術にばかりこだわっていると、不自然さだけが目立ってしまい、相手も「こいつ、何か下心があるんじゃないか」とか「さては、ゴマをすろうとしているな」と警戒するようになるからです。

私の知っている出版社の人で、あろうことか現役の作家の先生に向かって、「さすが、先生は作家だけあって、文章がお上手ですね。私なんか全然かないませんよ」などということを口走り、その先生を怒らせてしまった人がいました。こうなると、もう目もあてられません。相手が怒るのも当然です。だってそうでしょう。そんなことをいわれたら、相手だって「こっちはプロだ。素人のあんたに比較される筋合いなんてない」と、バカにされたような気持ちになります。つまり、心にもないほめ言葉は、百害あって一利なし。たいていの場合は見抜かれてしまうのです。

したがって、そんなに無理してほめなくたっていいと思うのです。ということは、ほめたいときにほめればいいわけです。ただ、誤解しないでほしいのですが、私は何も「ほめ言葉を習慣にしなくたっていい」といっているわけではありません。要するに、ほめよう、ほめようと考える前に、相手のいい点を見つけたら、それを口にするくせをつけてもらいたいのです。それも本心で！

そう、この本心というのがポイントで、「いいな」「すばらしいな」と心の底から思えることがあったら、それを正直に、なおかつ自然に、言葉であらわすようにするのです。小細工なんか、いっさいしなくていいのです。

参考までに、私の場合は、こんな感じでほめるようにしています。

「そのネクタイ、どこの？　どこで買ったの？」

「あなたは、誰かにテニスのコーチをしてもらったの？」

「英語、どこで習ったの？　どこかに留学でもした？」

つまり、「ネクタイが素敵ですね」とフツーにほめるのではなく、「どこで買ったの？」と聞くことによって「いいと思っているし、興味がある」ということをアピールするのです。すると、「中島薫は私のネクタイが気に入ったみたいだ」「私のテニスの腕前を認めてくれている」「私の英語力を評価してくれている」という思いが、相手に伝わるのです。

言い換えると、こんなことをほめてあげたら喜ぶんじゃないか、こういえば喜んでくれるかもしれないと、ほめ口上を考えているうちはダメなのです。もう一度いいますが、「いいな」「素敵だな」「キレイだな」「おいしいな」「気持ちがいいな」と思ったら、その感情を自然に口に出すことが重要なポイントになるのです。

そういう観点からいえば、ほめるのが苦手な人は、いきなりほめようとするのではなく、私のように、「それ、何?」「どこで買ったの?」「どこでマスターしたの?」といった感じに、質問してみるくせをつけるといいかもしれません。これだけでも、相手はほめられたのと同じくらい嬉しい気持ちになります。それが仕事ぶり(能力)であれ、持ち物であれ、質問されることによって、相手は「この人は自分に関心を寄せているみたいだ」「私の持ち物が気に入ったみたいだ」「私の能力を認めてくれている」という感情をいだくようになるからです。

また、これも私がよくいうことですが、何かをほめるとき、「もう一回」という言葉を口に出してみることをお勧めします。たとえば、誰かに料理を作ってもらったとき、「このスパゲッティ、ものすごくおいしかったです」では、おいしかっただけで終わってしまい、あとに続かない感じがします。けれども、「すごくおいしかった。また食べたい」といえば、「この人は本当に私の作ったスパゲッティを気に入ってくれたんだなあ。作りがいがあるなあ」という印象を相手に与えることができると思うのです。

ですから、あなたも何をどういえばいいのかすぐに浮かんでこないときは、次のようにいうといいと思います。よけいなことを説明しなくても、それだけで相手は感激するはずです。

「ギターの演奏、とても感動しました。今度のコンサートはいつですか？」

「この前のパーティ、とても楽しかったわ。また誘ってください」

「このお料理、たいへんおいしかったです。次回の料理も楽しみです」

「今日のゴルフ・コンペ、とてもおもしろかったです。次はもっと腕を上げてきますよ」

さあ、あなたなら、誰に、何を、「もう一回」といいますか？

自分の誠意の証は何か

私は海外へ旅行に行くとき、いつもファーストクラスを利用するのですが、あるとき席につくなり客室乗務員の一人がこういってきたことがありました。

「私は研修生ですが、今、先輩のパーサーからお客様にあいさつするようにいわれてこちらにまいりました。本日はご搭乗ありがとうございます」

この言葉を聞いた瞬間、私は思わず、こういい返してしまいました。

「あなたがお客様に対して搭乗してくださったことに、心から感謝の気持ちがあるなら話は別ですが、パーサーにいわれたから来たというのであれば、あいさつはけっこうです」

要するに、「人にいわれてあいさつに来ました」というのは不自然な言い方である、数ある航空会社の中から当社を選んでくださってありがとうございますという気持ちがあれば、絶対にそんな言葉は出てきません。それは誠意がない証拠です――そのことを彼女に伝えたかったわけです。

もっとも、これとは対照的な例もあります。以前、名古屋のホテルに泊まったとき、ボーイに「チョコレート食べたいんだけど、ある？」とたずねたら、「申し訳ございません。あいにく用意しておりません……」という返事だったのですが、そのあとが違っていました。なんと、そのボーイは「今すぐ、買いに行ってまいります」といって部屋を飛び出していったのです。そのボーイの姿を見た私は、感心すると同時にこう思ったものです。

「マニュアルどおりにやるというのは、けっしてサービスにはならない。マニュアルにないことをやってくれるのがサービスというものだ。誠意のあらわれというものだ」

同じことはあなたにもいえます。私は前項で、人をほめるときは、心から自分の感情をあらわすことが大切だといいましたが、これは言い換えると、誠意をもって人に接していくことだと思うのです。逆に、誠意がなければ口でどんなに立派なことをいっても、それは絶対に伝わらないと思うのです。

もちろん、これはほめ言葉に限ったことではありません。何事においても誠意を見せることが大切で、そうしてこそ、はじめて人の心を動かすことができるようになるといっていいのではないでしょうか。

では、誠意をもって人に接していくためには、どういう点に注意を払えばいいのでしょうか。

まず、一番重要なポイントはウソをつかない。本音で接する。これを肝に銘じるべきです。ということは、人から何か頼み事をされたら、できないことはできないとはっきりいうことも誠意なのです。だって、そうでしょう。もし、あなたが頼み事を引き受けたら、相手はあなたに期待を寄せるはずです。でも、できないことをできるといってしまったら、それは相手にウソをつくことになるため、相手の期待を裏切ることになります。ですから、相手が誰であれ、ときには「ノー」という言葉をはっきり口にする勇気も必要になってくるのです。

そのかわり、いったん頼み事を引き受けたら、できるかぎりのことは全力を注いでやりましょう。努力をしているあなたの姿を目のあたりにすれば、結果はどうあれ、相手は胸を打たれるはずです。

二番目のポイントは感謝の気持ちをいつもあらわすようにすること。再び、頼み事を例に出すと、あなたが誰かに何かをお願いしたら、すぐさまお礼をいうようにしましょう。これはもう最低限のエチケットといっていいでしょう。

ところが、意外とこれがキチンと守られていない。というのも、みなさん、人に頼み事をするときはあわててやってくる場合が多いのですが、急いでお礼にやってくることはあまりないからです。もちろん、相手だって、口では「いいよ。そんなにあわててお礼にこなくても」というかもしれませんが、やはり、お礼の言葉がなかなか聞けないと心証を害してしまうものです。その意味で、誰かにお世話になったら、すぐさまお礼を述べるというのは、あなたの誠意の証《あかし》でもあるのです。

三番目のポイントは、相手に対して、「申し訳ないことをしたなあ」「失礼なことをしたなあ」と思ったら、間をおかず「すみませんでした」「ごめんなさい」と素直に謝れるくせをつけておくこと。

私など、この「ごめんなさい」という言葉がなんのためらいもなく口に出せるおかげで、コシノジュンコさんと親しくなれたといっても言い過ぎではありません。

私がジュンコさんとはじめてお会いしたのは、三年ほど前のことでした。知人の紹介で彼女のお店にうかがったのですが、そのとき、彼女にとても無理をいってしまいました。実は次の週にウィンブルドンへテニスの試合を観に行く予定になっていたため、つい興奮して「テニス観戦のときに映える白いスーツをオーダーしたい」とお願いしてしまったのです。でも、今から作りはじめたのではとても間に合わないとのことで、急きょモデルの服を私に合わせて直してもらったのです。

でも、この一件はとても残念な結果に終わってしまいました。現地で、いざスーツを着ようとしたところ、少し太ってしまったせいか、ズボンがちょっと合わなくて、結局、着られずじまいになってしまったのです。

私は、何だかジュンコさんに申し訳なくて、帰国して彼女に会う機会があったとき、彼女に謝りました。「ごめんなさい。あのスーツはやっぱりサイズが合わなくて着られませんでした」。でも、意外かもしれませんが、このことがきっかけで彼女と仲よくなれたのです。素直にストレートに「ごめんなさい」という気持ちをあらわした私に、彼女はとても好感をいだいてくれたからです。ふつう、大人になると、なかなか謝りたがらないものなのに、「中島薫は違う」、そう感じたらしいのです。

私にしてみれば、こんなことは当たり前だし、小さなことだったのですが、ジュンコさんにはそうではなかった。ということは逆に、彼女はこういう「すぐに謝る」「素直にふるまう」ということをとても大切にしている方なんだと思います。だから、世界的に有名なすばらしいデザイナーで非常に忙しい人なのに、いつもあんなに自然体でオープンで人間的に魅力のある人でいられるのでしょう。

だから、あなたも「申し訳ないことをしたなあ」と感じたら、すぐに謝る習慣をつけるといいと思います。これもまた誠意の証であって、それをやるかやらないかで、その後の相手との距離はだいぶ違ってくるのです。

最後にもうひとつ。それは約束を守ること。これも誠意につながります。当たり前のことですが、時間を守らなかったり、口にしたことをキチンと実行に移さなかったら、相手からの信用をなくすのは時間の問題です。ですから、「何時に行きます」「こうします」といったん口にしたことは必ず守るようにしましょう。約束を守ることで信頼が生まれる、これが人間関係を強くしていくのです。

言葉に自分の気持ちをあらわす

ここで、あなたに質問です。あなたが会社で上司から今日中に書類の作成を命じられたとします。しかし、今日はほかの仕事があるので、そちらのほうで手いっぱい。そのため、書類の作成は、今日中には間に合いそうにもありません。明日、早く出社して、仕上げるしかありません。さて、そういうとき、あなたなら上司に何と返答するでしょう？

この続きはのちほどお話しするとして、以前、喫茶店に入ったとき、少しばかり感心したことがありました。ウェイターの一人に、「すみません。メニュー持ってきてもらえませんか？」と頼んだところ、「かしこまりました。すぐにお持ちいたします」と答えてくれたのです。

こういうとき、ふつうなら「少々、お待ちください」と答えるはずです。でも、それって、「今、忙しいから、ちょっと待ってて」というニュアンスが強いと思うし、メニューを持ってくるのに時間がかかりそうな感じがするのです。けれども、「かしこまりました。すぐにお持ちいたします」といわれたら、なんとなく期待がもてる感じがしませんか？　たとえそれで結局待たされたとしても、です。お客さんとして丁重に扱われている、そんな気持ちになれると思うのですが、いかがでしょう？

つまり、何がいいたいかというと、人と会話するときは、相手が聞いて気分がよくなる言葉をできるだけ多く用いましょうということです。そのためには、言葉の表現をなるべくポジティブにして、相手に期待や希望をいだかせることが重要になってきます。

そこで、先ほどの質問に戻りますが、上司から今日中に書類の作成を命じられ、それが間に合いそうにもない場合、次のような返答をするといいと思うのです。

「明日の朝までに仕上げます。それまでお時間をいただけますか？」

どうです？　いわんとする中身が同じであっても、言葉の表現方法をポジティブにするだけで相手に与える印象はだいぶ違ってくるのではないでしょうか。要するに、「今日中にはできない」ということを強調するのではなく、「いついつまでならできる」という可能性を強調すればいいのです。

実際、私も人から面会を求められたとき、「今、忙しいので、当分、お会いできません」とはいわないで、「先になりますが、いついつでしたら、時間がとれます。それまで待っていただけますか?」という言い方を心がけています。「今は会えない」というネガティブな言葉のかわりに、「いついつだったら会える」というポジティブな言葉を使ったほうが、相手も希望がもてるだろうし、何よりも気分がよくなると思うからです。

結局のところ、誰に対しても、愉快な気分になる言葉を多く使うようにしているわけです。そして、自分がいわれたら不愉快な気分になるようなことは人にもいわないように心がけているのです。その習慣をつけておけば、あなただってポジティブな言葉がポンポン飛び出るはずです。

しかし、人間である以上、どうしてもネガティブなことをいわなければならないときだってあります。ただ、これにもコツがあると思うのです。たとえば、誰かに何かを注意しなくてはならない場合、頭ごなしに、「こんなんじゃダメだ」という言い方はいただけません。こういわれてしまうと、相手だってやる気をなくすだろうし、反発する人だって出てくるでしょう。これが仕事ならなおさらのこと、部下の士気が低下するというものです。

では、どうすればいいでしょう。私だったら次のような言い方をします。

「ありがとう。とってもいいんだけど、一か所だけ、ここの部分はこうすると、もっとよくなるんじゃない？」

どうです？ 同じ欠点を指摘するにしても、まずいい点を認めたあとで、いただけない点をさらりと指摘すれば、相手も不快な気持ちにはならないだろうし、やる気も倍増すると思うのですが……。

それでもまだピーンとこない人は、逆の立場になって考えてみてください。あなたが苦労して書類を作成した。でも、上司から「全然なってない。ダメ」といわれた。そうしたら、どんな気分になるでしょう。落ち込むのはもちろんのこと、「どこが、どうダメなんだろう……」と、頭をかかえるはずです。そして、一生懸命やったことへの評価はちっともしてくれない上司に不満をもつかもしれません。でも、「ありがとう。だいたいはいいけど、この部分はこうするともっとよくなるよ」といわれたら、どこに問題があるか、どう修正していいかがはっきりするはずです。それに、いい部分はちゃんと認めてもらえた。だから落ち込むこともなければ、悩む必要もない。希望ももてる。つまり、「もっと、頑張ろう」という気持ちになれると思うのです。

相手の心を動かしたいなら、まず自分の人間性から高める

イソップ寓話の中に「北風と太陽」というお話があります。

あるとき、北風が太陽に向かって、こういいました。

「私はこの世で一番の実力者だ。どんなものでも吹き飛ばすことができる。だから、人間も動物もみんな恐れおののいている」

こう自慢たらしくいう北風に対し、太陽はこんな勝負を申し出ました。

「だったら、力比べをしよう。ちょうど、ここを通りかかるあの男のマントをはがし

たほうが勝ちというのはどうだい?」

太陽の申し出を承諾した北風は、さっそく強い風を吹きつけ、男のマントを吹き飛ばそうとしました。ところが、男は「ああ寒い」といって、ますますマントを体にきつく巻きつけるばかりです。そのため、どんなに北風が強い風を吹きつけても、とうとう男からマントをはぎとることはできませんでした。

さて、今度は太陽の番です。太陽は少しずつ男に日差しをふり注いでいきました。すると、男の冷えきった体はだんだん暖かくなり、そのうち汗ばんできました。そしてしまいには、とうとう暑さに我慢できなくなり、男はマントを脱いでしまいました。

こうして、この勝負は太陽の勝ちとなったのです。

一般にこの話は「無理強いするよりも、言って聞かせるほうが効果がある」ということを解き明かしているとされていますが、こうも解釈できないものでしょうか?

「相手に応援・協力してもらおうと考えるのではなく、あなたのために応援・協力したくなるような気持ちにさせよう」

「相手の心を強引に動かそうとするのではなく、あなたのために動きたいと思う気持ちにさせよう」

そう、太陽が男に対してマントを「脱がせよう」ではなく、「脱ごう」という自発的な気持ちにさせたのと同じような試みを、人間関係でも用いてもらいたいのです。

そのためには、太陽が生き物にとって必要な存在であるのと同じように、あなたという人間が他人から必要な存在であると思われるようにならなくてはなりません。ということは、あなた自身の人間性を高めていく必要があるのです。

では、日常生活の中でどういったことを大切にすればいいのでしょう？　私の経験からいわせてもらうと、ポイントは三つあります。

ひとつは、何度もいうように、相手を助けたり喜ばせることを優先的に考えること。

そして相手からの見返りはいっさい期待しないこと。これに尽きます。

もうひとつは、人を動かしたいならまず自分から動くということです。口だけで人を動かすのはむずかしいですし、仮に動いてくれたとしても、百パーセント満足のいく結果は得られません。そうだとしたら、他人が動きやすいように、いろいろとお膳立てをしたり、動きたくなるような下地をつくったり、ときには人に手本を示すために自らがやってみせるのです。そうしてこそはじめて、人も「どれ、協力してあげようかな」という気持ちになると思うのです。したがって、あなたが誰かの助けを必要としているなら、まず人を助けることから始めましょう。そう、まさに前項のおしまいで述べたことにも関係してくるわけです。

もうひとつは、自分の世界を広げていくことです。いろいろなものを見て、聞いて、体験して、勉強していくのです。そうすれば、知識や話題が吸収できるだけでなく、人の心の痛みがわかるようになります。思いやりの気持ちがもてるようになります。相手の立場でものを考えることができるようになります。つまり、そういう人間になれば周囲の人だって放ってはおかなくなりますし、みんなの力添えで人生がよりよい方向にどんどん変わっていくようになるのです。

さあ、あなたも、協力してくれる人、不調なときに手をさしのべてくれる人、情報を提供してくれる人、チャンスを運んできてくれる人、勇気を与えてくれる人、そして夢の実現に協力してくれる人を一人でも多くつくってください。

第四章

「夢」と出会う

思いはすべてを引き寄せる力である。

あなたの夢は何ですか？

「あなたにはどんな夢がありますか？」

こうたずねられたとき、あなたなら何と答えるでしょうか。「私の夢はこれこうなることです」とすぐに答えられる人もいれば、「いきなりいわれても、すぐには出てこないなあ」と考え込んでしまう人もいることでしょう。

そこで、後者の人のために、まずはヒントを提供しましょう。左記にいくつかのチェックリストを設けました。あなたの夢に該当しそうな項目があるかどうか、チェックしてみてください。

- 自分の会社をおこして成功をおさめたい。
- ベストセラー作家になりたい。
- 第一志望の会社（大学）に入りたい。
- 都心の一等地にある高級マンションに住みたい。

- スイスに別荘が欲しい。
- クルーザーで地中海を旅行してみたい。
- 高級スポーツカー（外車）が欲しい。
- プライスを気にせずにショッピングしてみたい。
- 一流ホテルのスイート・ルームに泊まってみたい。
- 三ツ星の高級レストランで食事がしたい。
- 理想の男性（女性）と結婚したい。
- 将来はカナダの湖のそばで暮らしたい。

さて、いかがでしたか？　今あげた項目のうち、少なくとも一つや二つは、該当（類似）するものがあったのではないでしょうか。リストを読みながら、子供のころに思い描いていた夢や忘れかけていた夢が記憶としてよみがえってきた人もいるかもしれません。

ただ、なかには「該当する項目が一つもない。まだ自分の夢が見えてこない」という人もいることでしょう。あるいは、「該当する項目がいくつもあったけど、結局、夢はかなわなかった」と思っている人もいることでしょう。

では、夢が見えてこない人は、どのようにすれば夢と出会うことができるのでしょうか。夢がかなわなかった人はどこをどう改善していけば、夢を実現させることができるのでしょうか。

そのヒントは、実は私たちの夢は、「何かがしたい」「何かが欲しい」ということが大部分だということです。

夢は我慢するのをやめたときに見えてくる

まず、「自分の夢が見えてこない」という人のケースから見ていきましょう。

そういう人にまずいいたいのは、夢というものをおおげさにとらえてはならないということです。というのも、夢がわからない、夢が見えてこないという人の大半は、

「この不景気に夢なんていってる余裕なんかない。現実はとにかく厳しいんだ」「失恋したばっかりなのに、夢なんてあるわけない」「とにかく仕事で毎日くたくたで」などといっていることが多いからです。

しかし、夢とは本来、人間がいだく自然の欲求なのです。「馬車よりも速く走る乗り物があるといいなあ」という欲求が自動車を生み出し、「おなかがすいたときに、手間暇をかけずに、すぐに食べられるものがあると便利だなあ」という欲求がインスタント食品をつくり出しました。

つまり、今はできないけどいつかしてみたいなあと思うこと、こうなったらいいなあと思うこと、言い換えると、ふだんの生活で不便を感じたり、我慢していることが夢なのです。

そう、極端な話、すき焼きが食べたいけれどお金がないから我慢しているというのであれば、すき焼きをおなかいっぱい食べることが夢であってもいいのです。温泉に行きたいけれど近くの銭湯で我慢しているというのであれば、温泉に行ってのんびりお湯につかることが夢であってもいいのです。

こう考えると、ふだん我慢していることが、次のような具合にどんどん夢に直結していくのではないでしょうか？

郊外に住んでいるので通勤に時間がかかる→都心の高級マンションに移り住む
回転寿司でしかお寿司が食べられない→高級寿司店でトロを腹いっぱい食べる
中古車しか乗れない→最新のナビゲーターを搭載した新車を購入する
海外旅行はいつも安価のパックツアーだ→ファーストクラスの旅をする
買い物はプライスを見てする→プライスを気にせずショッピングをする

どうでしょう。夢を見つけるなんて、いたって簡単でしょう？　だから、おおげさに考えなくていいのです。破天荒な夢を思い描く必要なんかありません。身近なことが夢であっていいのです。「ウィーンの森にあるような古城に住んでみたい」「宇宙旅行に行きたい」のような現時点での可能性がゼロに近いような夢を描こうとするから無理が生じるのであって、今現在の自分の欲求に素直にしたがえばそれでいいのです。

言い換えれば、人は、できないことはもともとしようと考えつかないのです。ということは、あなたが「したいな」と思ったことはできるのです。

パリへ旅行に行きたいなと思えば本当に行けますし、弁護士になりたいなと思えば本当になれるのです。それでも「パリに行けない」「弁護士になれない」というのであれば、あなたが心底それを望んでいないか、やろうとしていないだけなのです。どこかで手を抜いているか、努力の仕方を間違っているだけで、自分の都合でしないでいることを正当化するために「できない」といい、あとから「忙しいから」「お金がない」などと理由をつけているのです。

ただし、自分の欲求に素直にしたがうといっても、漠然とした憧れだけで夢を掲げるのはいただけません。夢にまで見たのに、現実は厳しかった、思っていたよりも楽しくなかった……なんていうケースがよくあるからです。

たとえば、ブロードウェイのスターになりたいと考えている人が、ニューヨークのブロードウェイ・ミュージカルを一度も観ていないというのは考えものです。まず、実際に観て、自分の目で確かめてみることです。このとき、ますますブロードウェイ・ミュージカルにひかれ、「自分も絶対にああなろう」といっそうの決意を固めることができれば万々歳ですが、思っていたイメージと違っていたら、方向性を変えなくてはなりません。

田舎暮らしだって同じです。「どこどこに移り住もう」「できれば、ログハウスを建てたいな」「釣り三昧《ざんまい》の生活を送りたいな」と考える前に、実際に田舎暮らしを体験してみることです。そうすれば、田舎暮らしが性に合う、合わないがはっきりしてきます。それをしないと、後悔することになるのです。田舎に永住してから「都会のほうがやっぱりよかった」では、もう遅いのです。

要するに、夢を掲げるにあたって、「どうしてそうなりたいのか」という動機を明確にしておいてもらいたいのです。

それが生きがいにつながっていくのか、そうなることで快適な気分にひたることができるのか、個性や才能が十分に発揮できるのか、こうしたことをチェックすることが重要なポイントになってくるのです。

かなわない夢など本当はない

次に、「夢はあったけれど、結局かなわなかった」という人のケースを見ていきましょう。

そういう人にまずいいたいのは、その夢を本気になって望んだかどうかということです。どういうことかを述べる前に、ここで私のちょっとした失敗談をお話ししたいと思います。

作曲家になるために、上京して間もないころのこと。私はプロダクションの勧めで、あるラジオ番組のＤＪのオーディションを受けたことがありました。それは、洋楽のベストテンを紹介する番組だったのですが、音楽に関するいろいろな経験をしておいたほうが勉強にもなるし、何かと都合がいいということで挑戦してみたのです。

オーディションには簡単な試験が何回かありました。そのうちのひとつに、ガラスのブースの中に入って、三分間で自分の一番好きな洋楽のアルバムを紹介するというコーナーがありました。台本も何もない抜き打ち試験だったため、一緒にオーディションを受けたライバルたちはタジタジでしたが、大好きなアルバムのことをしゃべらせたら得意な私は難なくスラスラとこなすことができました。

そこまでは、おそらく私がダントツだったと思います。でも、このあとの面接で、私は意外な落とし穴に落ちてしまいました。というのも、「あなたはどうしてもこの番組でなければダメなんですか?」という面接官の問いに、こう答えてしまったからです。

「いいえ。音楽の番組なら別に何でもいいんです」

このひと言が原因で、私はオーディションに落ちてしまいました。でも、番組の制作者の立場になって考えれば、その理由がよくわかります。おしゃべりはうまくても、私の返事には洋楽に対して特別な情熱がないのがはっきりとあらわれていました。そんな人間よりも、今は未熟であっても、もっと洋楽に情熱のある人間をDJに抜てきしたいと判断するのはもっともなことだと思うのです。実際、そのオーディションはもともとプロダクションの勧めで受けたもので、私自身、どうしてもやりたいとは思っていませんでした。DJになれてもなれなくても、どっちでもいい。そういう考えでいました。だから、あんな返事をしてしまったと思うのです。逆に、もし、本当に

ＤＪになりたかったら、「何としてでも、この番組のＤＪをやらせてください」といっていたと思うのです。

さて、私がいわんとすることが、これで少しはあなたにもおわかりいただけたのではないでしょうか。そう、すべてはやる気――気合いの問題なのです。夢に対して情熱がもてるかもてないか、すべてはそこにかかってくるのです。

ところが、「夢がかなわない」といって嘆く人は、この点をなおざりにし、「条件が悪いから」「自分にはハンディがあるから」と言い訳をしたり、何かに責任転嫁することしか考えていません。でも、私は声を大にしていいたい。

「夢はあなたを裏切らない。あなたが夢を裏切るだけだ」と。

結局、夢はいつだってそこにあるのです。あなたが「こうしたい」「ああなりたい」と思った瞬間から、変わらぬ姿でそこにあり続けるのです。けっして、あなたを裏切ったり、見捨てたりはしないのです。にもかかわらず、夢がかなわないのは、あなたが夢に向かって歩み寄っていかないからなのです。「こうなれたらいいな」と考えているだけで、「そうなるためには、どうしたらいいか」ということまで頭をめぐらせていないからです。

では、なぜ、頭をめぐらせられないのか？　それは、その夢に情熱が注ぎ込めないからです。ということは、「どうしてもこうなりたい」と真剣に考えていない証拠なのです。あなたにその気がないだけのことですから、これでは夢なんてかなういっこありません。

では、どこを、どう直していけばいいのでしょう。方法はいたって簡単です。本気になれる夢を見つけ、「必ずこうなる」「絶対にこうなってみせる」と決意すればいいのです。

本気になれる夢を見つけ、決意すれば、全身からやる気――情熱がみなぎってきます。「そのためには、どうしたらいいか」「何をするべきか」といったことに頭をめぐらせることが苦ではなくなります。いいえ、苦になるどころか、なりたい自分をイメージするだけで、ものすごく楽しい気分になれます。その時点で勝負ありです。それがどんなに途方もないことであっても、そこへ至る道は拓けるようになるのです。

とても大事な箇所なので、もう一度いいましょう。

「こうなれたらいいな」という漠然とした思いだけでは、夢はかないません。大切なのは、「必ず」「絶対に」というやる気・情熱のこもった強い意志をもち続けること。そうしてこそ、はじめて行動力もともなうようになり、あなたの夢はかなうようになるのです。

夢をかなえるための五つの約束

漠然とした思いだけでは、夢はかなわない。大切なのは、「必ず」「絶対に」という情熱のこもった強い意志をもち続けることである。私はこういいました。

しかし、それは夢をかなえるための必要最低条件であって十分条件ではありません。つまり、情熱があれば必ず夢がかなうというわけではなく、でも情熱がなければ夢はかなわないという意味なのです。ということは、ほかにも夢をかなえるための条件が必要になってくるということになります。

では、それはいったい何でしょうか。どういったことを心がけていけばいいのでしょうか。そのことをお話しする前に、最近、私もちょっとした夢をかなえることができたので、まずはそのエピソードから紹介したいと思います。

私は毎年、自分の誕生パーティを、たくさんの友人を呼んで盛大に行っています。あるときは香港でクルーザーを貸し切りにしてパーティをしたり、あるときはロサンゼルスのユニヴァーサル・スタジオを借り切ったりしました。今年は「キダム」を借り切って仲間と盛り上がり、夜はパーティでゲストに元米米CLUBのヴォーカリストだったミュージシャンの石井竜也さんを呼んで歌ってもらうことになりました。そこで、事前の打ち合わせをかねて、石井さんにわが家へお越しいただいたわけですが、彼が帰った直後、ふと思いついたことがありました。それは、私が作曲した『Good-by morning』を彼が歌ったら、きっとすばらしい出来栄えになるんじゃないかということです。

そう思った私は、石井さんにお願いのメールを送ってみることにしました。すると彼から、「バンドのリハーサルが間に合わないため、今回は申し訳ありませんが」ということわりの返事がありました。なるほど、石井さんの気持ちもよくわかります。

なにせ、パーティは二日後に押し迫っているのですから。けれども、私はあきらめずに、もう一度「バンドの演奏はけっこうですから、鼻歌だけでもやってもらえませんか?」とメールを送ってみたのです。

その後、石井さんからはウンともスンともいってこなくなり、「これは〝ダメ〟ってことなのかな」と思いながら、やがてパーティの当日を迎えるわけですが、私が当日、石井さんにあいさつしようと楽屋のドアの前に行ったときです。なんと『Good-by morning』が聴こえてきたのです。CDがエンドレスで流されて、合間に石井さんの歌声も聴こえてきます。その瞬間、私はピーンときました。石井さんは私を驚かせようと、あれから秘密でずっと歌を練習してくれていたのです。

実際、彼は本番で当日のセット・リストには入っていないはずの『Good-by morning』を本当に歌ってくれました。しかも、これがちょっとしたオマケつきなのです。練習時間が少なかったことと、作曲家本人の前で緊張したことが重なったのでしょう。彼は途中でトチッて何度も歌い直したのです。でも、逆に私にはそれがものすごく嬉しく感じられました。あの石井竜也が私の曲をくり返し歌ってくれたこともさることながら、何よりも私を〝サプライズ〟させようとする彼の心配りに感動したからです。

さて、自分でいうのも何ですが、この話の中には先ほど述べた夢実現のための条件——ポイントがぎっしり詰まっていると思うのです。

具体的に説明させていただくと、第一に私が「『Good-by morning』を石井さんが歌ったら、すばらしいんじゃないか」と思ったことです。彼が歌ったときのシーンをイメージし、「これはいける」と確信した。つまり、想像。これが一番目のポイントになります。

二番目のポイントは、石井さんが『Good-by morning』を歌ってくれることを信じたことです。これがほかの人だったら、「こんな無理なお願いをしてもいいものだろうか」「頼んでも、どうせ歌ってくれないだろうなあ」と考えるかもしれません。でも、私は違っていました。「お願いしたら、きっと歌ってくれる」という気持ちがあったのです。そう、未来を信じていたのです。

次に、「思い立ったが吉日」という言葉にもあるように、すぐにその件で石井さんにメールを送ったことです。夢の実現に向かって、さっそく行動した。これが三番目のポイントになります。

けれども、石井さんからはNOという返事でした。でも、私はこりることなく、「バンドの演奏はけっこうですから、鼻歌だけでもやってもらえませんか？」と、再度、メールを送りました。つまり、あきらめなかったわけです。これが四番目のポイントになります。

最後に、人に会うというのが五番目のポイントに入ります。実は石井竜也さんとはテレビ局の人を介して知り合いました。したがって、もし、その人に、私がバースデー・パーティの企画を話さなければ、石井さんと出会うことはなかったわけです。

以上、述べたことをあらためて整理すると、夢をかなえるためには次に記す五つのポイントをふまえることが重要になってくると思うのです。

① 想像する
② 未来を信じる
③ 行動する（動く）

④ あきらめない
⑤ 人に会う
それでは、この五つのポイントについてもう少し詳しく解説していきましょう。

① 想像する

人間にはほかの動物にはないさまざまな能力がそなわっています。判断力、決断力、集中力、先見力など……。なかでも、一番すごい能力は想像力だと思うのです。

先ほども述べましたが、「馬車よりも速く走れる乗り物があるといいなあ」「手間暇をかけないですぐに食事をしたいなあ」という欲求――想像力が、自動車やインスタント食品を生み出しました。つまり、人間の想像力が文明をつくりあげてきたのです。

また、想像力を駆使すれば、私たちはいつでもどこにでも、行きたいところへすぐに行くことができます。パリの凱旋門に行きたいというとき、実際ならば飛行機で一二時間の旅をしなくてはなりません。でも、それを想像するだけなら、一秒もかかりません。そう、極端なことをいえば、スペースシャトルに乗って、太陽系を離れ、未知の惑星に行くことだって可能なのです。

そればかりではありません。想像力はタイムマシンのような働きもしてくれます。過去に戻ることもできれば、五年、一〇年先の未来に行くことだって可能です。しかも、すごいのは、過去は変えられないけれど、未来は自分の意志でいくらでも変えられるということ。そして、本気で「そうなる」と強く思えば、人生は本当にその方向に展開していくようになるということ。

そうだとしたら、その原理を活用しない手はありません。あなたも理想とする自分の将来像や夢がかなって喜びにひたっているシーンをイメージしてはいかがでしょう。憧れのマイホームでガーデニングを楽しんでいるシーン。モダンな造りのオフィスでマッキントッシュを操り、一流のデザイナーとして活躍しているシーン。念願の弁護士になって、依頼者にアドバイスをしているシーン。

その際のポイントは、ワクワク嬉しい気持ちになれたり、愉快な気分になれること。そういう感情がわき起こるというのは、その夢が本物で、実現する可能性が高い証拠なのです。あなたが心の底から求めている証拠、情熱が注ぎ込める証拠なのです。逆にそういう感情がこみあげてこなければ、その夢が本物かどうかをもう一度点検してみる必要があります。

さあ、あなたもまずイメージすることから始めてみてください。

② 未来を信じる

さて、なりたい自分や理想とする将来像をイメージしたら、今度は「そうなる」ことを信じなければなりません。それも、心の底から。

しかし、このことが理屈ではわかっても、状況がなかなか好転しなかったり、トラブルやアクシデントに見舞われようものなら、私たちはついこう考えてしまいます。

「本当に、夢はかなうだろうか。現実は厳しいからなあ」

「やっぱり、私には無理かもしれない」

でも、私にいわせれば、それは自分の可能性を自分で否定して、何かのせいにしているだけだと思うのです。前にもいいましたが、チャンスは誰にでも訪れます。問題はそれをいかにしてつかまえるかなのです。また、トラブルやアクシデントといっても、その人のレベルにふさわしいものしかやって来ません。ということは、いつか必ず乗り越えられるようになっているのです。

ですから、状況がなかなか好転しなくたっていいし、トラブル続きだっていい。とにかく、夢がかなうことを信じきってもらいたいのです。そうなることを、あくまで期待し続けてほしいのです。

中国の昔話にこんな話があります。

ある村で何か月もの間、日照りが続いたことがありました。

「どうしよう……。このままでは農作物が全滅してしまう」

村人たちがそのことで頭を痛めていたとき、一人の祈禱《きとう》師がその村を通りかかりました。村人はワラをもつかむ思いで、その祈禱師に「どうか、あなたの力で神様に頼んで雨を降らせてください」とお願いしたところ、こんなやりとりになりました。

「私一人の力では、雨を降らせることができません。村人のみなさん全員の協力が必要です」

「雨を降らせてもらえるなら、私たちはどんなことでもいたします」

「では、一緒になって祈ってもらいたい。ただし、信じる気持ちがなければ、祈っても効果はないと思いなさい」

「わかりました。雨が降ることを、心から信じるようにいたします」

その翌日、村人たちは集会所に集まったのですが、その姿を見るなり、祈禱師は

「やはり、お祈りするのはやめておこう。祈っても雨は降らないだろう」といいだしました。「なぜです?」という村人の問いに、その祈禱師はこう答えたのでした。

「あなたがたが本当に雨が降ることを信じているなら、みんな、雨具を持参したはずだ。でも、あそこにいる一〇歳の少女のほかに、雨具を持ってきた者は誰一人としていない。あなたがたは雨が降ることを心から信じていない証拠だ」

そこから先の話は不明ですが、私がいいたい意味がこれでおわかりのはずです。

そう、夢がかなうことを心の底から信じきるというのは、この話に出てくる一〇歳の少女のような気持ちをいうのです。本当にそうなることと信じて疑わない気持ちのことなのです。

私の場合でいうと、プロローグでもお話ししたように、夢を描いたら、それが「理

想」ではなく「予定」になってしまっています。「来週の火曜日、仕事の打ち合わせでAさんと会わなくてはならない」「来月、仕事で大坂に行く用事がある」というのと同じ感覚になっているのです。だから、夢がかなうのは当たり前のことのように思っているのです。

その気持ちが人にも伝わるのでしょう。最近、仕事仲間の安積くんが私のことをこんなふうにいっていたらしいのです。

「薫さんは、何かを達成しようとか、こうなりたいと思ったとき、そのとおりになると信じて疑わないんです。固定概念や常識にとらわれたり、ダメだったときのことを考えたことがないんです。だから、あの人が何かを思ったときは、それはもう現実になっているのと同じなのです。思った時点で勝負がついてしまっているのです」

さすがに、見ている人は私のことをよく見ているなあと思います。

③ 行動する（動く）

子供のころをふり返ってみましょう。「今日は○○ちゃんと遊びたいな」と思ったとき、あなたはどうしましたか？　その子の家に行って、「○○ちゃん、遊ぼうよ」と声をかけたのではないでしょうか。家の中でじっとして、「○○ちゃんが、遊びに迎えに来てくれないかなあ」なんて考えた人はまずいないでしょう。それもそのはずです。その子と一緒に遊ぶためには、向こうが誘ってくれるのを待っているのではなく、自分から誘う必要があるということを子供ながらに知っていたからです。

ところが、この当たり前のこと、すなわち、動かなければ成果が出ないということを、あなたは忘れてしまっているのではないでしょうか。

つまり、何がいいたいかというと、「こうなりたい」「ああしたい」と決意したら、想像したり、そうなることを信じる一方で、今度はその実現に向けて行動を起こしてほしいのです。それ相応の努力をしてもらいたいのです。

ベストセラー小説を書きたいなら、毎日、コツコツと原稿を書く。英会話がうまくなりたいなら、学校に通ったり、テープを聴く。夏休みにバリ島に行きたいなら、お金を貯めるようにする。

いずれも、当たり前のことですが、こういう努力を積み重ねていってこそ、あなたの夢はかなうようになるのです。それをしないで、「ベストセラー作家になりたい」「英語の達人になりたい」「バリ島に行きたい」では、何十年たっても、夢なんかかないっこありません。ただ待つだけで夢がかなうほど、人生はそう甘くはないのです。

ただ、行動や努力といっても、ある種のコツがあります。それは、原因が結果をつくるのではなく、結果が原因をつくる。こういうふうに考えていただきたいのです。

要するに、

「こうしたいなあ」「こうなりたいなあ」という結果をまず先に決めてしまうのです。そうすれば、「夢をかなえるためにはこの問題をクリアしなければならない。そのためには、まずこれをしなくてはならない」といった具合に、やるべきことが明確に見えてきます。だから、よけいなことで貴重な労力や時間を費やさないですむわけです。

これをダイエットにたとえて考えてみるとわかりやすいと思います。「最近、おなかが出てきた。ズボンが入らない。何とかしないと」というとき、思っているだけではいつまでたってもやせることはできません。かといって、何から手をつけていいのかわからなければ、動きようもありません。そこで、こういうときも、まず結果を先に設定するのです。そうすれば、次のように当面やるべきことがはっきりしてくるはずです。

「標準体重を五キロもオーバーしている。そのためには、適度に運動して、食生活も改善しなくてはならない。そのためには、毎日一万歩以上歩いてカロリーを減らした食生活を心がけよう。そのためには、これからはエレベーターはやめて階段を使うようにし、食事も野菜を多くとるようにしよう」

仕事も同じです。未来からさかのぼって今の自分の状況を見つめれば、こういう結果を出すには何をしなければならない、そのためにはこういうことをしなければならないという一連のプロセスがはっきりとしてきます。そうすれば、当面やるべきことも明確になるため、行動力も高まるようになるのです。

④あきらめない

要するに、状況がなかなか好転しないからといって、夢を投げ出してはならないということです。前にもいいましたが、夢はけっしてあなたを裏切りません。あなたが夢を裏切るだけなのです。

たとえば、あなたが「一戸建てのマイホームが欲しい」と思ったとします。その瞬間から、夢はいつもあなたのそばにいてくれるのです。「早くマイホームを建ててちょうだい」と、夢があなたに期待を寄せているのです。にもかかわらず、「頭金がなかなか貯まらないから」「いい物件がないから」といって、あなたは夢を放り投げる。これはもう自分から夢を裏切ったとしかいいようがありません。

これが、誰かが「マイホームを建てたら、ただじゃおかないぞ」と、あなたをおどしてきたなら話は別ですが、そんなばかげたことはありえません。結局、自分が勝手にあきらめて見捨ててしまっただけなのです。

そうだとしたら、「問題はいつでも自分にある」と言い聞かせ、最後までやり続けること、状況に変化の兆しが見えなくたっていい。とにかく動き続けることです。あきらめずにやり続ければ、必ずなんとかなるものなのです。

それと、夢をかなえようと思ったら、どんな形であれ代価というものを支払わなくてはなりません。得るためには失うものもありますし、多少の犠牲はつきものです。

このことをキチンと自覚しておいてもらいたいのです。

たとえば、あなたが喫煙者で、「バリ島に行きたいけどお金が貯まらないからいつまでたっても行けない」というなら、私は声を大にしてこういいます。

「夢を放棄する前にタバコを放棄しなさい」と。

一日に一箱吸う人がタバコをやめる場合を考えてみましょう。たとえば一箱二七〇円のタバコを吸っているとすると、一日二七〇円のお金が浮きます。これを一か月続ければ八一〇〇円、一年続ければ一〇万円近いお金に生まれ変わります。これだけで、バリ島旅行の資金は十分に貯まるはずです。しかも、あなたが一日に二箱吸っていたとしたら、その倍のお金、つまり二〇万円近くを貯めることが可能になります。つまり、これだけのお金があれば、オン・ザ・ビーチのかなりいいホテルに泊まれ、極上のバカンスが送れるようになるわけです。「憧れのフォー・シーズンズ」だって夢ではなくなるわけです。

どうです？　タバコをやめれば健康にもいいし、バリ島の高級ホテルに泊まれるなんて最高でしょう？　だから、夢をあきらめることなんてないのです。そんなことを考えている暇があったら、支払う代価のことだけに注意を向けていればいいのです。優先順位というものを考え、大事ではないものを思いきって手放してみる。そうしてこそ、あなたは夢に一段と近づくことができるのです。

⑤人に会う

前にもお話ししたように、人と出会う数だけチャンスが生まれるようになります。人づきあいを大事にしていけば、その人たちの力添えや誘導で、夢実現のための思いがけないチャンスが提供してもらえるようになるということを、ここでも肝に銘じていただきたいのです。

そう、夢は人に支えられ、人の組み合わせによってかなうものなのです。この人とあの人を組み合わせて、この人から知恵を借り、あの人に協力してもらう。そうしたネットワークを築いておくことで、ふつうなら実現するまでに何年もかかる夢が、案外、短期間でかなってしまうことも十分あるわけです。

そのための心構えについては、第三章で述べたとおりですが、ここではプラスアルファのノウハウを紹介しましょう。それは何かというと、人とつきあううえで、「この人は何が得意か？」「どういう分野に精通しているか？」ということを前もって把握しておくということです。

「Aさんは法律関係に詳しいから、その方面で困ったことがあれば相談に乗ってもらえる」

「Bさんは旅行好きで旅行のことなら何でも知っている」

「Cさんは出版社にいたから、そちら方面の人脈が豊富だ」

「Dさんは英語がペラペラで翻訳もできる」

こうしたことをあらかじめ頭にたたき込んでおけば、いざというとき、その人に相談に乗ってもらったり、協力を求めることができるというものです。

ただ、何度もいいますが、絶対に打算的な気持ちで接しないこと。「相手を利用しよう」などと間違えても考えないこと。とにかく、いつも相手を喜ばせることだけを考え、そして自分の人間性を高めておくこと。その姿勢だけは貫きとおしてください。

これさえ守れば、いざというとき、みんな頼もしい助っ人になってくれるはずです。

自信がない人は小さな夢からクリアしていく

私のモットーのひとつとして、この本の中で、たびたび「夢はあなたをけっして裏切らない。あなたが夢を裏切るだけ」ということを訴えてきました。つまり、すべては自分の側に問題があるということです。

しかし、それでもまだ、あなたはこう考えているかもしれません。

「私の場合、どうも自信がない。うまくいかない可能性のほうが高い感じがする」

では、お聞きしますが、あなたは宝くじを買いに行くとき、「当たらなかったらどうしよう」と思いながら買いに行きますか？　そんなことはまず思わないはずです。「一等が当たったらいいなあ」「当たったら、こんなことにお金を使いたいなあ」といった具合に、ほのかに期待しながら買いに行くはずです。

海外旅行に行くときだって同じです。「飛行機が落ちたらどうしよう」「現地でトラブルに巻き込まれたらどうしよう」「向こうで体調をこわしたらどうしよう」と心配ばかりしながら旅行に行く人はあまりいないと思います。もちろん、用心するにこしたことはありませんから、細心の注意は払うでしょう。けれども、「向こうに行ったら何を見よう、何をしよう」「お土産に何を買おう」という楽しみや期待のほうが、心配や不安といったマイナスの感情よりも圧倒的に大きなウェイトを占めているのではないでしょうか。

同じことは夢にもいえるのです。「自信がない。うまくいかない可能性のほうが高い」と悩むより、「自分にもできるかもしれない。うまくいくかもしれない」とプラスのほうに考えれば、必ずできるものだし、万が一、できなかったとしても、悩むより期待していたほうが、精神衛生上いいと思うのです。

ただ、たしかに最初からすべてがうまくいくなんてことはほとんどありえません。不慣れなことにトライすれば、当然、失敗だってするでしょう。それが原因で自信をなくすことだってあるかもしれません。そのため、「やっぱり、自分には無理だった」ということで、夢を投げ捨ててしまう……。これが、夢を裏切る人に見られるもっとも多いパターンです。

しかし、この自信というものは、場数とか経験を踏んで強めていくしか方法はありません。そのためには、とにかく動き続けることが大切になってきます。かといってただやみくもに動けばいいというものではありません。自分の能力とかけ離れていたり、突拍子もないことから挑もうとすると、うまくいかない場合のほうが多いため、途中で挫折《ざせつ》してしまう可能性が高くなります。そうなると、自信を強めるつもりでいたのが、ますます自信を失うという逆効果になりかねません。

そこで提案ですが、はじめのうちは、ちょっと頑張ればすぐ手が届きそうな小さな夢、つまり等身大の目標からトライしていったらいいと思います。

ピアノのレッスンがいい例です。どんな人だって、いきなりリストの『ラ・カンパネラ』を練習しようとは誰も考えません。誰だって、最初はバイエルから入っていくはずです。

英会話にしたってそうです。ビジネスの最前線で使われているような会話からいきなりマスターしようとする人はまずいません。最初は基本的なあいさつのフレーズから始めます。

それと同じように、当面、次のような目標を打ち立ててもらいたいのです。まずは簿記の四級をめざそう、インターネットとメールの操作だけは完璧にマスターしよう、当面は営業ノルマをクリアすることだけに意識を集中させよう、今よりもワンランク上のマンションに引っ越そう。

このように、自分のできそうなレベルのものからひとつずつクリアしていけば、達成感を味わうことができます。夢を実現するためのセンスやコツのようなものが、だんだんとわかってきます。その積み重ねが「頑張ってやれば、もっと上がめざせるかもしれない」という自信の強化につながっていくのです。

その一方で、人が聞いたら「エーッ？」とびっくりするような大きな夢ももち続けましょう。前にもいいましたが、大きな夢があると、それが励みになり、人生に生きがいがもてるようになるからです。

ただ、大きな夢はかなえるまでに、どうしても時間がかかってしまいますし、そこにたどり着くまでの道もけっして平坦ではありません。山あり谷ありで、ときには悪路を進まなくてはなりません。でも、そういうときに、小さな夢を実現させた達成感が、大きな夢への道を照らす明かりになったり、そこへ導いてくれる地図になったりして、あなたを助けてくれると思うのです。

さあ、あなたもまず、ちょっと頑張れば手の届きそうな小さな夢からチャレンジしてみましょう。それをかなえることができれば、大きな夢の実現に向けて未来に希望がもてるように、きっとなります。

失敗は夢の実現といつでもセットになっている

あなたが夢を裏切るのは、かなえる自信がないからだといいました。これをもう少しつきつめて考えると、「失敗体験」が大きなネックになっていると思うのです。

しかし、私にいわせれば、夢の実現をめざすうえで失敗するのは当たり前のことです。それを、みなさん、おおげさに考えすぎなのです。

たとえば、あなたが自動車の教習所に通いはじめたころのことを思い出してください。アクセルのふかし具合やハンドルさばきひとつとっても、最初はミスを連発したはずです。

そのつど、あなたはいちいちショックを受け、免許を取るのを断念したでしょうか？　もし、そうだとしたら、世の中、車を運転する人なんて、ごくひと握りになっているはずです。でも、実際は違いますよね。悪戦苦闘したかもしれないけれど、あなたは免許を取った。これが現実（結果）です。

つまり、夢の実現と失敗はセットになっていると考えてもらいたいのです。失敗とは何事かをなしとげる過程で起きる必然的な現象ですから、失敗そのものを恐れたり、恥じたりするのではなく、失敗したとき、どう対処するかに目を向けるのです。

そのためには、まず「これは自分のミスによって起きた」ということを素直な気持ちで認める必要があります。そうすれば、おのずと反省点がわきあがってきます。「問題点はどこにあったか？」「計算違いのところがあったか？」「詰めの甘いところがあったか？」と、あれこれ掘り下げて考えられるようになります。これを明らかにしておけば、次にやるべきことも明確になります。そう、今度は、「どこをどう修正していけばいいか？」「どこをどう改善すればもっとよくなるか？」などなど、同じミスをくり返さないための対処策がとれるわけです。

要するに、「失敗」という言葉を「教訓・勉強」という言葉に置き換え、失敗したら、そこから何かを学びとろうとする気持ちをもてばいいのです。

身近な例でいうと、料理もそうです。あなたがはじめて料理を作ったとき、最初は思いどおりにはいかなかったはずです。「どうも熱を加えすぎたみたいだ」「おしょうゆを入れすぎてしまった」などなど、ミスを連発したはずです。でも、そのたびに、「今度から時計をキチンと見て加熱しよう」「次回からは分量をはかってからおしょうゆを入れよう」と、失敗から料理のコツのようなものを吸収していったのではないでしょうか。理屈はそれと同じことなのです。

それと、ミスを連発したら、がむしゃらに突き進むことばかり考えないで、ときにはいったん立ち止まって、このやり方で正しいかどうかを確認してみましょう。考え方や視点を変えたり、人に相談してみるのです。そうすると、別な道に気がついたりするものです。

いずれにしても、一度や二度の失敗でくじけてはいけません。むしろ、失敗のくり返しや積み重ねが夢の実現や成功に結びついていくことを忘れてはならないのです。かの有名なエジソンは、白熱電球をつくるのに実に一万回近い失敗をくり返したといいます。あなたに百パーセント同じ真似をしろとはいいませんが、せめてその千分の一ぐらいは見習ってほしいものです。

それに、たとえ失敗をくり返そうとも、長い間やり続けたことは、あなたの財産になるのです。夢の実現に直結しなくとも、いつか、何かの役に立つときが必ずやってくるのです。つまり、失敗体験はけっしてムダではないのです。

夢をかなえるのに遅すぎることなんかない

「あなたの夢がかなうのをじゃましている最大の障害は何ですか？」

私がこうたずねたら、あなたなら何と答えますか？

「年をとりすぎていること」「能力がないこと」「学歴がないこと」「お金がないこ

と」など、さまざまな答えが返ってくると思います。

でも、私にいわせれば、そんなものはどれも障害のうちには入りません。どんなに年がいっていても始めるのに遅すぎることなんかない、というのが私の持論だし、能力だってその気になればいつでもアップさせることができます。

学歴やお金がないなんて、もう論外もいいところ。話になりません。だって、そうでしょう？　学歴やお金がなくたって成功した人は、この世にごまんといるのですから。現にこの私だって、学歴もお金もないところからスタートして、ここまでやってこられました。こう考えると、どれも言い訳にすぎませんよね。

では、あなたの夢の実現をはばむ最大の障害は何かといえば、それはほかならぬあなた自身にあります。「年をとりすぎている」「能力がない」「学歴がない」「お金がない」と考えるあなたの心構えに、問題があると思うのです。

言い換えると、あなたの夢がかなわないとしたら、それは大きい壁がそびえ立っているわけでもなければ、誰かがじゃまをしているわけでもありません。自分の心がそうしているだけなのです。「できないかもしれない」「ひどいピンチだ。突破できそうにもない」と、自分で勝手に思い込んでいるにすぎないのです。

なるほど、壁がまったくないといえば、それはウソになります。たしかに存在します。いつか、何らかの形で必ずやってきます。でも、壁といっても、それはあなたが乗り越えられるぎりぎりのサイズのもので、それ以上大きな壁はやってきません。だから、その気になれば絶対に乗り越えられるのです。そして、それを乗り越えるたびに、あなたという人間は少しずつ大きくなっていくのです。

だから、はじめのうちは初級コースの小さな夢であってもいい。「壁は必ず乗り越えられる」ことを信じて、一歩を踏み出してください。

こんなふうに、夢に関してはとても前向きな私ですが、私にこれらの考えをもたせてくれた人がいるのです。それは、リッチ・デヴォス氏です。彼は今や世界五五か国で展開するアムウェイのおおもとであるアムウェイ・コーポレーションの創立者であるとともに、NBAのオーランド・マジックのオーナーであり、歴代大統領とも親交のある人です。彼のおかげで、私はオーランド・マジックのロッカールームでシャキール・オニール選手を紹介してもらえたり、フォード元大統領と帝国ホテルで食事ができたりしました。私が自分のビジネスで成功したときのセレモニーにはブッシュ元大統領が駆けつけてくれ、壇上で記念品を手渡してくださったりもしました。

デヴォス氏はとても優れたビジネスマンですが、その前に一人の人間としてすばらしい人で、私がふだんから尊敬し信頼する人です。彼に出会って、私は人間にとっての本来の夢や人生や生きがいがどのようなものかをたくさん学びました。その中でもとくに私が感動して今も実践していることは、「自分が幸せになりたかったら、まず他人の幸せのお手伝いをし、その人の夢をかなえてあげること」ということです。

これを自分なりに続けてきた私に、彼は先日こんなふうにいってくれました。

「薫、あなたは他人の夢に命を吹き込む人です」

この言葉を励みに、私はこれからも「夢」を大切にしていこうと思います。

エピローグ

出会いは宝!

あらゆる出会いは、人生からの成功への招待状である。

自分らしく生きるための原動力を探そう

今の私があるのも、人を喜ばせることが好きで行動してきたからだと思うのです。そして、私の場合、それが子供のころからの習慣になっていた気がします。誰かにいわれて心がけてきたというより、物心ついたときから自然にそうなっていた、そんな感じがするのです。

そのルーツをたどると、どうやら父親の存在がたぶんに影響しているようです。

私の父はテレビが大好きでした。でも一人で見るのはダメ。家族みんなで見るのが好きなのです。ですから、試験前で姉も私も部屋で勉強などしていようものなら「いいから茶の間に来て一緒にテレビを見よう」とひっぱり出されたものです。お笑い番組などを見ていると、私や姉たちがケラケラと笑うため、家族みんなが喜びを共有できます。つまり、テレビそのものよりも、家族全員が笑顔をたやさない団らんの雰囲気が好きだったようなのです。

そうした家庭環境で育ったせいか、私も物心ついたころから、他人の笑顔を見るのが好きになりました。

たとえば、クラスメートの誕生会。その日は本人をお祝いするため、たくさんの人が集まるのですが、みんな盛り上がって、途中から誰が主役なのかわからなくなります。どの人も笑顔、笑顔、笑顔……。その雰囲気が私はたまらなく好きでした。つまり、子供心ながら、「人が喜んでいると自分も楽しい。それだったら、人を喜ばせよう。そうすれば自分も楽しい気持ちになれる」ということを考えるようになったのです。

だから、友達と遊んでいるときも、相手を喜ばせることをいつも考えていました。キャラメルやマンガ本をあげるなんて日常茶飯事。おもしろい話を耳にしたら、率先してみんなに話したものです。

「人が喜べば、自分も楽しい気持ちになれる」。はじめのうちは、たったそれだけの小さな思いにすぎませんでしたが、大人になるにつれて、それは自分が自分らしく生きるためのエネルギーとして徐々に拡大していきました。

生きがいを極めた中島薫、自己実現を果たした中島薫、成功した中島薫といったものがあるとすれば、このエネルギーこそが、それらの原動力になってくれたのです。

人生の本質をつかむ瞬間はすぐそこに

たとえば、高校を卒業して地元にある楽器店に入社したてのころ、私はレコードの販売部門（いわゆるレコード屋の店員）にまわされたのですが、そこで中国地方のレコード売り上げが個人の部で一位になったことがありました。島根県の小さなレコード店であったにもかかわらず、です。

高校を卒業したばかりで、社会経験もろくになかった私が、なぜそんな快挙をなしとげることができたのかというと、これこそまさしく〝人を喜ばせようとするエネルギー〟によるものだと思うのです。

かといって、私は何も特別な売り方をしたわけではありません。当時、会社の倉庫にはレコードの宣伝用のポスターがたくさん置いてあったのですが、それを見て私は、

「そういえば、自分も中学生のとき、ビートルズのポスターを欲しかったっけ」

そう考えて、それを中学生や高校生にプレゼントするようにしたのです。すると、「あそこのレコード屋のおにいさんは気前がいい。欲しいポスター!をどんどんくれる」ということで、友達をいっぱい誘ってお店に来てくれるようになったのです。

そうなると、私も嬉しくなります。

「エッ、きみはサイモン&ガーファンクルのポスターがいいの。たしか倉庫の中にあったと思うから、ちょっと待っててね」

「きみはハードロックが好きなの? じゃあ、このポスターなんかいらない?」

といった感じで、ますます調子に乗って、ポスターをあげてしまいます。こうしたサービスが効を奏したのか、気がついてみたら、今まで来たことのない人までたくさん来店して、レコードを買っていってくれるようになったのです。

また、レコードを買いに来た少年と、こんなやりとりをしたこともありました。

「きみ、今、中学生? それとも高校生?」

「僕、高校に合格したんです」

「ああ、それはよかったね。おめでとう。ところで何のレコードを探してるの?」

「ビートルズでも、買おうかなあと思って……」

「じゃあ、このアルバムなんてどう？　きみがおじいさんになったとき、高校の合格祝いに買ったレコードだということで、一生の思い出になると思うよ」

「そうですね。じゃあ、これ買おうかな」

こうして喜んでレコードを買っていく少年の姿を見るだけで、私はなんだかものすごく嬉しい気持ちになりました。「やった！　売りつけることに成功した」なんていう気持ちはこれっぽっちもありません。ただ、少年の高校入学祝いをしたかった、素敵な思い出を一緒になってつくりたかった、少年が喜ぶのを見て自分も一緒になって喜びたかった。ただただ、それだけのことなのです。

また、お客様の好みをふだんからよく気をつけていた私は、ひと足先にその人の好きなアーティストの新譜情報などを誰よりも早く教えてあげたりしたものです。もちろん、みんなとても喜んでくれます。そんな彼らの表情を見るのが、私は楽しくて楽しくてたまりませんでした。

そして、人を喜ばせることで自分も楽しい気持ちになれるという感覚は、今の仕事と出会ったことで、生きがいへと転じていきました。いや、正確にいえば、今の仕事と私の思い（人を喜ばせようとするエネルギー）が磁石のように引かれあい、お互いが溶け込むことで、その中から「生きがい」という新たなエネルギーが誕生したといったほうがいいかもしれません。

それは私にとってとてつもないドラマのはじまりでもありました。すでに述べたように、私はビジネスを通して多くの出来事を体験することで、自分らしさ、チャンス、人、夢という人生（運命）の創造に欠かすことのできない大切なものと出会うことができたからです。そのおかげで、私は人生をめいっぱい楽しむことができました。もちろん、今なお……。

もう一度いいましょう。すべては、人を喜ばせたいという小さなエネルギーから始まりました。他人を幸福にしたい——たったそれだけの思いが、自分の生きがいに結びついていきました。

そうだとしたら、はじめのうちは小さくたっていい。あなたも、「どうすれば人を喜ばせることができるか」「こうすれば、人に喜んでもらえるかもしれない」「どうすれば人に感動を与えることができるか?」「いかにすれば人に貢献できるか?」ということを、いつも頭の片すみに入れながら、行動してみてはいかがでしょう。

そうすれば、生きがいや自己実現につながる最良のものがいつか必ず見えてきます。「自分が本当にやりたかったことはこれだ」「これをやれば他人を幸せにできるし、自分も幸せになれる」といった〝人生の本質〟のようなものを瞬時につかむことができます。迷うことなく、それを自分の中に吸収させることができます。

その瞬間、あなたは自らの手で、輝かしい未来を選択したことになるのです。

出会いが運命を変えてくれる

「あなたにとって幸福な人生とはどういう状態をさしますか?」

私がこう質問したら、あなたなら何と答えるでしょう?

「いつまでも健康でいること」

「やりがいのある仕事をすること」

「海の見えるマンションで暮らすこと」

「気に入ったものや、好きなものに囲まれて生活をすること」

「ビジネスで成功してお金持ちになること」

などなど、いろいろな答えがかえってくると思います。

もちろん、これらに幸福の価値を求めることに私は何の異論もありません。むしろ、そうすることで、夢が見つかり、あなたが発奮できるのであれば、大いにけっこうなことです。そして、実際、これらの願いがかなえられたとき、あなたはたしかに幸福感に満たされることでしょう。

しかし、幸福感といっても、なかには時がたつにつれて薄らいでしまうものもあると思うのです。

たとえば、安いオンボロアパートからマンションに移り住めば、最初は誰だって幸福な気分になれます。これが豪華なシャンデリアや大理石でできたお風呂を配した高級マンションとくれば、もう、いうことなし。最高です。けれども、何年かすれば、そんな喜びもだんだんと薄れていくものです。むしろ、「マンションは窮屈でイヤだ。やっぱり、一軒家がいい」「それも、できれば庭付きの広い家に住みたい」といった具合に、新たな欲望が日に日に増していくのではないでしょうか。

ブランド品に囲まれた生活に幸福の価値を求めている人だって同じです。欲しいブランド品をゲットすれば、その瞬間はものすごく嬉しいかもしれません。でも、時がたつにつれて、「できれば、もっと高価な洋服が欲しい」とか「最新のバッグが欲しい」という欲が出てきます。すると、前にも述べたように、気の休まる暇がなくなり、かえって幸福感が薄らいでしまうと思うのです。

どうです？　あなたにも思いあたるフシはありませんか？

では、なぜ、幸福感が薄らいでしまうのかというと、今述べたようなことは、いずれも「自己愛」にすぎないからです。自分の欲望や快楽を満たそうとする気持ちしか根底にないからです。そのため、ひとつの欲望や快楽が満たされても、今度は別のものが欲しくなったり、別のことがやりたくなる。そのくり返しで、いっこうに心が満足しない。だから、幸福感が続かない……となるわけです。

では、幸福感を常に味わい続けるためにはどうすればいいのでしょう？　そのためには「自己愛」から「利他愛」に目覚める必要があります。

「利他愛」とは、他人の幸福を目的として、考え、行動しようとする姿勢をさします。つまり、これまで何度も述べてきたように、自分の幸福を願う前に、相手の幸福を優先的に願ってもらいたいのです。人に喜びや感動を与えること、助けること、尽くすことを第一に考えてもらいたいのです。

言い換えれば、幸福というものは、それを追い求めている間は、月の影が水面に映っているのを追いかけるのと同じで、いつまでたっても得ることができません。逆に、求めようとはしないで、人に与えようとすると、恩恵が何十倍にもなってはね返ってくるようになるのです。

あなたはプロスポーツの一流選手が何億、何十億という年棒をなぜ手にするか、考えたことがありますか？　それは、彼らが求めることよりも、与えることを優先しているからです。球場に訪れた観客やテレビ観戦している何十万というファンに好プレーを通して、喜びや興奮や感動を与えているからなのです。

数々の名曲を生み出したミュージシャンが誰もがうらやむような生活が送れるのだって同じです。「この曲を聴くと心が安らぐ」「この曲を聴くと勇気づけられる」などなど、リスナーに喜びと感動を与えるからです。その恩恵が形となってめぐりめぐって自分のもとへ返ってきたにすぎないのです。

そうだとしたら、あなたも「どうすれば幸福になれるか?」ということを考える前に、利他愛に目覚め、他人を幸福にすることを優先的に考えてみてはいかがでしょう。「自分の場合、人に何を与えることができるか?」「そのためには今、何をやるべきか?」に意識を向けてみませんか。

それは相手のためであると同時に、自分のためでもあるのです。人に喜びと感動を与えれば与えるほど、あなたはより多くの恩恵を受けとることになるのです。

さあ、あなたなら、どうやって、人に喜びと感動を与えていきますか?

これまで、私はサンマーク出版から七冊の本を出版させていただきました。幸いにもそのすべてがベストセラーになり、そうしたかいあって、読者のみなさんから、「生きる希望がわいてきました」「人生を楽しく生きるコツのようなものが見えてきました」など、嬉しいお便りをたくさんいただくことができました。

その一方で、「チャンスを確実につかむ方法を知りたい」「人脈をつくるための具体的なノウハウが知りたい」「夢をかなえるためのコツをもっと詳しく知りたい」といったお便りや質問も数多くいただきました。

そこで、こうした読者からの質問やこれまでの本で説明不足だった点を補いながら、中島薫の成功哲学のようなものを体系化してみようと、新たに著したのが本書なのです。

いずれにしても、今のあなたは出会いの大切さに目覚めたはずです。出会いが運命を変えてくれることの重要性に気づいたはずです。そして、未来に夢と希望がもてるようになったものと確信しています。

あとは、毎日の生活という場、あるいは数多くの体験の中から、自分にとって欠かすことのできない最良のものとの出会いを果たし、それを人生の道しるべにしていくだけです。

最後にもう一度いいましょう。

何と出会うか、誰と出会うか、そしてその出会いを大切にできるかどうかで、あなたの運命は決まってしまいます。問題は、あなたが何と出会い、何を選択するかです。

運命は、あなたが最良の何かと出会ってくれることを、今か今かと待ち望んでいるのです。

おわりに

「中島薫の成功法則を一冊にまとめたい」

サンマーク出版からのこんな要望に、私は思わず考え込んでしまいました。というのも、自分ではそんな成功法則など、今まであまり気にしたことがなかったからです。

たしかに私は、自分の望むものをすべて手に入れてきました。それはただ「できることをやってきたから」だと思うのですが、たぶんそれだけではないのだと思います。迷路に入って抜け出たあとで後ろをふり返れば、「ああよかった」で終わりですが、実は抜け出すためにはさまざまな工夫をこらしたはずなのです。その工夫を思い出し、分析し、まとめるというのが今回の本のテーマでした。

私がどうやって成功したのか、言い換えれば、どうやって自分の望むものを手に入れてきたのか。それを突き止めるためには、私のルーツを探ることから始める必要があると思いました。どんな家庭に生まれ育ち、どんな少年時代を過ごし、どんなふうに成長していったか。それを見直すことで、自分自身でさえも今まで意識したことのなかった私のものの見方や考え方、信条などというものがあらためてわかったような気がしたのです。

これは貴重な体験でした。ですから、この本の中には、私の長年の友人たちでさえもが「へえ、そうだったのか」と驚くようなことも書いてあるかもしれません。

さて、あなたにとっての「成功」とは何でしょうか。

それがどのようなものであっても、手に入れるまでにどれほどの時間がかかるものであっても、この本を読むことによってあなたがそれを見つけ、そしてそれを「必ず手に入れる」と自分自身に約束してくださったのなら、この本を書いたかいがあったというものです。

人は誰でも幸せになるために生きています。そして、それは自分に一番合った成功の仕方で幸せになるのです。

ということは、自分を知ること、そして自分が本当に望むものは何かを知るということが、人生における成功への第一歩なのです。

さあ、あなたはもうすでに単純な成功法則に気づいたはず。あとはただ、進んでいけばいいのです。まだ見ぬ「成功した自分」「新しい自分」に、会いに行きましょう。

私も、あなたのその未来を見るのが楽しみです。

著　者

単行本　二〇〇三年八月　サンマーク出版刊。
本文中の肩書き、データなどは、刊行当時のものです。

サンマーク文庫

単純な成功法則

2007年 9 月25日　初 版 発 行
2022年 4 月 5 日　第11刷発行

著者　中島 薫
発行人　植木宣隆
発行所　株式会社サンマーク出版
東京都新宿区高田馬場2-16-11
電話 03-5272-3166

フォーマットデザイン　重原 隆
本文DTP　山中 央
印刷　共同印刷株式会社
製本　株式会社若林製本工場

落丁・乱丁本はお取り替えいたします。
定価はカバーに表示してあります。

ISBN978-4-7631-8446-7　C0130

ホームページ　http://www.sunmark.co.jp